Objectifs

Assignments in Practical Language Skills

ANN LIMB

PAM BOURGEOIS

The right of the
University of Cambridge
to print and sell
all manner of books
was granted by
Henry VIII in 1534.
The University has printed
and published continuously
since 1584.

CAMBRIDGE UNIVERSITY PRESS

Cambridge

New York   New Rochelle

Melbourne   Sydney

Acknowledgements

Our thanks are due to our editors Rosemary Davidson and Amanda Ogden for their guidance and encouragement in the writing of this book. We should also like to thank Alain for his work on some of the French texts, Mal for her helpful comments and Hazel for her patience in typing the manuscript.

Ann Limb and Pam Bourgeois

In preparation
Praktikum: Assignments in Practical German Language Skills

The authors and publisher would like to thank *Les Nouvelles Editions de l'Arc*, Montreal, Canada, for permission to include *Il me reste un pays* (author – Gilles Vigneault; composers – Gilles Vigneault and Gaston Rochon) in this book, and *Les Editions du Vent qui Vire* for permission to include it on the accompanying cassette (© *Les Editions du Vent qui Vire* (CAPAC) 1974).

Cover design by Paul Oldman

Published by the Press Syndicate of the University of Cambridge
The Pitt Building, Trumpington Street, Cambridge CB2 1RP
32 East 57th Street, New York, NY 10022, USA
10 Stamford Road, Oakleigh, Melbourne 3166, Australia

© Cambridge University Press 1985

First published 1985
Third printing 1988

Printed in Great Britain at the
University Press, Cambridge

ISBN 0 521 27788 4
A cassette (ISBN 0 521 25990 8) accompanies this book.

Contents

What is 'Objectifs'?

Objectifs is a collection of assignments in practical language skills which use authentic written and spoken material. The assignments are designed to develop realistic uses of language in social and business contexts.

The assignments aim to train the learner to carry out a variety of practical tasks such as making a reservation by telephone, discussing banking arrangements, writing memos and planning an itinerary. As such, 'Objectifs' gives further practice in many of the skills which will have been developed on GCSE courses. But teachers may also find some of the assignments useful for the later stages of GCSE work – the level of French needed to complete an assignment is approximately equivalent to that standard.

For this reason *Objectifs* will be of use to learners who may have used French on holiday or in business but who have no formal academic qualifications and students in the 16–19 age group with O-level equivalent French who wish to acquire experience in the practical uses of French.

Objectifs provides adequate preparation for the following types of courses and examinations:
- Post experience B/TEC General & National Diploma
- AO French for Business
- Royal Society of Arts communicative exams in foreign languages
- Royal Society of Arts Certificate in Languages for the Office
- One-year 6th form Language Continuation courses
- New 16+ and A level syllabuses
- London Chamber of Commerce Foreign Languages at Work
- The Institute of Linguists Examinations
- French as part of TVEI and CPVE schemes

More detailed links are shown in Table A.

How to use 'Objectifs'

What an assignment is

An assignment is a practical language learning activity which is based on a series of tasks. The tasks aim to develop linguistic skills in a realistic context, using authentic written and spoken material.

The assignments in *Objectifs* also aim to develop reasoning ability – for example, organising information, solving problems and making decisions. The use of these skills plays a major role in effective foreign language learning, as is being increasingly shown in the development of new curricula in the schemes for TVEI, CPVE and GCSE. Guidance in the development of these skills is given in the sections called Technique.

How the assignments are organised

Each assignment contains a number of practical tasks – these form the specific objectives of the assignment and are outlined at the beginning of each unit. It is important to encourage the completion of these tasks within an overall context or scenario. In order to facilitate this, each assignment requires the student to adopt a role, that of an English speaker who needs to use or understand French for social, leisure or business purposes at home or overseas.

How the skills are developed

The assignments are sequenced according to graded levels of language and degrees of complexity of task. In the last four units the student is required to work through assignments which are entirely in French.

Each task aims to develop a practical language skill such as speaking on the telephone or summarising a document. Table B illustrates the cyclical development of the tasks. Although, from a realistic point of view, it is desirable to complete all the tasks in one assignment in sequence, it is nonetheless possible for a learner sometimes to select a particular set of skills, e.g. telephone techniques or letter writing and choose tasks from the assignments which develop them in particular in a range of contexts.

Tables C and D illustrate the increasingly complex nature of the tasks, from booking accommodation by phone to negotiating terms of sale (speaking tasks in Table C) and from writing a postcard to compiling questions for inclusion in a job interview (writing tasks in Table D).

continued on p. x

TABLE A: *Source material, language activities and examination requirements*

SOURCE MATERIAL	COURSE REQUIREMENTS
Spoken word	*Writing*
• monologue, e.g. news items, TV and radio broadcasts, announcements, guided tours, lectures, demonstrations, road reports, telephone messages (ansaphones), songs • dialogues, e.g. general conversations, radio and TV broadcasts, interviews • several voices, e.g. discussions, radio and TV broadcasts, general conversations	Answers to Questions (in English) (AO) (RSA) (B/TEC) Summary in English (B/TEC) (RSA) Message writing (CLO) (FLAW) (B/TEC)
Written text	*Writing*
documents (business and general) leaflets and brochures, pamphlets, newspaper articles, directories, guidebooks, charts, manuals, Telex, letters, forms, messages, dictionaries, instructions, reports, advertising material	Summary in English (AO, CLO, B/TEC, RSA) Message writing (CLO, B/TEC) Letter writing in French (RSA, AO, CLO, B/TEC) Translation to English (letters) (AO, B/TEC)

RSA = Royal Society of Arts Levels I, II, III and Languages for Commercial Purposes
CLO = RSA *Certificate in Languages for the Office*
AO = *AO French for Business* Oxford & Cambridge

This table shows the source material, language activities and examination requirements of the courses previously referred to – *Objectifs* covers these activities and skills:

COURSE REQUIREMENTS	LANGUAGE ACTIVITIES
Speaking	

COURSE REQUIREMENTS	LANGUAGE ACTIVITIES
Summary (in French or English) (B/TEC) (FLAW) Answers to Questions (in French) (AO, RSA, B/TEC, CLO, FLAW) Telephone conversations (CLO, FLAW, AO, B/TEC)	completion tasks, e.g. filling in forms, tables, charts, documents, labelling diagrams and pictures gap-filling tasks involving prediction from context, transcription, guided writing, sequencing and matching tasks, transcriptions of numbers names, dates, times, etc., accurately
Answers to Questions (in French) (RSA, CLO, FLAW, B/TEC) Role-play (AO, B/TEC, RSA, FLAW) Telephone role-play (AO, CLO, B/TEC, FLAW) Summary in French (AO, FLAW)	gist and specific listening note-taking letter writing report writing preparing briefing material, e.g. agendas, itineries, notes memo writing classification tasks problem-solving tasks comparison tasks collating information tasks (involving analysis and synthesis of material) interpretation and transformation of visual or tabular information to written or spoken mode and vice versa

B/TEC = Business and Technician Education Council *Languages Option*
FLAW = Foreign Languages at Work (London Chamber of Commerce)

Integrating assignment work into course programmes
Teachers will want to vary the amount of assignment work
undertaken depending upon the overall course programme
of the student. For learners involved in a large amount of
task-based work, e.g. on TVEI or CPVE schemes, it should be
feasible to incorporate assignments into most of the learning
programme. For GCSE practice, assignments, or tasks from
particular assignments, could be used as the stimulus to the
teaching of particular topics, grammar points or skills.

It is suggested that teachers look at the tasks involved in a
particular assignment and at the broad topic area covered,
e.g. banking, travel, applying for a job, writing letters etc. in
order that they can fit them into their overall course design.

Some assignments, e.g. No. 6 Banco Banco, are also suitable
for students working on their own.

TABLE B: Development of practical language skills in the assignments

	Assignment
A – writing memos, notes, postcards, telex and letters	1 2 4 8 12 13 15 16 17 20
B – filling in forms, questionnaires and documents	1 5 14 20
C – filling in charts, annotating maps, transcribing information, note-taking	2 6 7 11 18 19 20
D – spoken and written translation into English	7 8 9 11 12 19
E – written translation into French	8 12 13 16
F – writing CVs, information sheets, reports and catalogue copy	4 6 10 14 18 20
G – speaking on the telephone	1 4 5 7 9 13 14
H – speaking in face-to-face conversations	3 5 10 16 17
I – spoken summary in English	4 7 10 11
J – spoken summary in French	15
K – listening for gist	3 6 10 11
L – listening for specific information	1 2 7 14 16 17 19 20
M – reading for gist	4 5 6 7 9 10 12 13 15 17 19
N – reading for specific information	1 2 3 5 9 11 12 15 16 18

TABLE C: Speaking tasks

Assignment/Task	Language
1 booking accommodation by phone	French
3 explaining a problem	French
4 summarising (from written source: leaflet)	English
a telephone enquiry	French
5 making appointment on phone	French
discussing banking arrangements	French
requesting information face to face	French
7 translation (from written source: message)	English
a telephone enquiry and a complaint	French
8 translation (from written source: letter)	English
9 telephone booking	French
10 summarising (from oral source: announcement)	English
giving an interview	French
11 summarising (from oral source: tour guide)	English
13 answering queries on phone	French
14 making a phone call	English
15 summarising	French
16 negotiating terms of sale	French
17 asking for opinion	French

TABLE D: Writing tasks

Assignment/Task	Written or spoken input	Language required	Translation involved
1 filling in a questionnaire	written	French	
writing a postcard	written	English	
2 writing a telex	written	French	
understanding a business report	written	English	√
4 writing a letter of enquiry	written	French	
writing a C.V.	written	French	
writing a letter of confirmation	written	French	
5 filling in a form	written	French	
6 completing a table	written	French	
note-taking from a radio programme	spoken	English/French	√
writing a report	spoken	English	√
7 planning a programme of excursions	spoken	English	
8 translating a business letter	written	English	√
writing a business letter	written	French	√
translating a business document	written	French	√
translating a legal letter	written	English	√
9 translating restaurant and theatre details	written	English	√
10 compiling an information sheet	written	English	√
11 annotating a map	spoken	French	√
retranslation	written	French	√
12 translating product information	written	French	√
13 understanding and summarising a circular	written	English	
writing a letter giving information	written	French	
preparing and translating information for a French contact	written	French	√
14 writing copy for inclusion in a catalogue	spoken	English	√
filling in an order form	written	French	
15 writing a letter replying to queries	written	French	
16 writing a message in French	spoken	French	
writing a letter of thanks		French	
translating a newspaper article		French	√
17 writing a letter to a friend	written	French	
18 writing a report	written	French	
drawing up a table of comparison in French	written	French	

(Continued overleaf)

TABLE D: Writing tasks – cont.

Assignment/Task	Written or spoken input	Language required	Translation involved
19 transcribing a song	spoken	French	
abstracting information from programme notes and a magazine article	written	English	√
20 taking a message in French	spoken	French	
completing a business letter in French	written	French	
writing questions for inclusion in a job interview	spoken	French	

1 Dans l'Ain, on est bien?

Objectives
- understanding tourist information
- booking accommodation by telephone
- understanding a road report
- filling in a questionnaire
- writing a postcard

Role   Tourist on holiday in France.

Brief   You and your husband and four children are not enjoying your holiday in the South of France. The beaches are too crowded and your husband has not been able to do as much fishing as he had hoped. You decide to leave early and spend a week in the Ain region before going back to England. The *Syndicat d'Initiative* can only offer you a choice of four *gîtes* in your price range.

TASK A   Study the information provided on the next page, and choose the most suitable accommodation.

SERVICE RESERVATION

1

AMBLEON – 340 m – (BELLEY : 11 km)
M. Berne 81.33.50

Gîte indépendant situé dans un ensemble –
en cours de classement
Séjour avec coin cuisine – 4 chambres (4 lits
2 places, 1 lit enfant) – WC – salle d'eau –
abri terrain – chauffage électrique

Rivière sur place, baignade, lac à 4 km –
piscine, tennis, équitation à 11 km

2

AMBRONAY "La Championnière" 200 m
(AMBERIEU : 6 km) M. Masson 81.18.91

Gîte indépendant situé dans un ensemble –
2 épis
Séjour avec coin cuisine – 2 chambres (2 lits
2 pl, 1 lit 1 pl, 1 lit enf) salle d'eau – WC –
terrain chauffage au bois + cheminée

Rivière, pêche, voile 1 km – piscine, tennis,
équitation à 7 km

3

AMBRONAY "Le Mollard" 200 m
(AMBERIEU : 5 km) M. Durand 81.15.61

Gîte indépendant situé dans un ensemble –
2 épis

Séjour avec coin cuisine – 2 chambres (2 lits
2 pl, 1 lit 1 pl) WC – salle d'eau – balcon –
abri – chauffage au bois

Pêche, rivière à 5 km – lac, piscine, tennis à
5 km équitation à 7 km

4

BENY "La Charme" 200 m (BOURG : 15 km)
M. Garbit 38.22.67

Maison indépendante – 2 épis

Cuisine – séjour – 2 chambres + alcove
(1 lit 1 pl, 1 lit 2 pl, 2 divans 2 pl, 1 divan 1 pl,)
WC – salle de bains – chauffage bois,
charbon – terrasse – garage – jardin clos

Pêche, rivière sur place – piscine, tennis,
équitation à 20 km – sentiers à 10 km

Technique You will need to study the details carefully, bearing in mind
your personal requirements. For this type of text, a list with
no link words, you will need to understand every word as it
will be difficult to guess any words which are not familiar or
do not remind you of English words.

For instance look at this information: *Voile à 2 km – baignade
5 km.*

You may not understand the words *voile* and *baignade* and
there are no clues to help you.

Had the words appeared as follows: *Vous aimez nager, faire du bateau ou simplement vous allonger sur une plage? Alors, venez à St Jean, l'endroit idéal pour la baignade et la voile . . .* then you would probably have correctly linked the unknown word *baignade* with the word *nager* and realised that it was to do with bathing. You may know the words *se baigner* or *bain* which could also help you to guess the meaning of *baignade*. Similarly *bateau* would help you to have a good guess as to the meaning of *voile*.

Of course you will not necessarily need to read every set of details completely. Go on to the next paragraph as soon as the information does not match your requirements.

Finally, use the map to help you locate the *gîte* you select.

TASK B   Phone the owner of the *gîte* you have chosen and make the necessary arrangements.

Technique   Talking in French on the phone and understanding what is being said can be a rather daunting experience. In most cases some thought about the possible pattern of the conversation will help you to prepare what you need to say and will give you an indication of what you are likely to hear. In this case you would have to:
– check who is speaking
– say who you are and what you want
– give the dates you require
– state your time of arrival
– check the price and what is included
– ask for exact directions from Vienne.

You could expect to have the following replies:
– *Allô.*
– *Oui, c'est Monsieur . . . à l'appareil.*
– *Oui, c'est possible. Quelles dates voulez-vous?*
– *C'est d'accord.*
– *C'est entendu. Nous vous attendrons avec la clé.*
– *Oui, c'est ça, le linge et l'électricité sont compris, mais vous devez payer la bouteille de gaz pour la cuisinière.*
– *C'est assez simple. En sortant de Vienne prenez la départementale 75, direction Ambérieu, mais faites bien attention de ne pas passer à Ambérieu même, vous continuez, et deux kilomètres après la bifurcation pour Ambronay, vous allez voir un restaurant 'La Belle Etoile' et la maison se trouve tout de suite après.*

You will probably find it helpful to rehearse what you are going to say before making the phone call.

Brief   You are driving towards Vienne on the motorway and find yourself in heavy traffic near St Rambert.

TASK C   Listen to the road report on the radio and with the help of your map decide on an alternative route.

Technique   Before listening to the road report, study the map and the place names you may hear. Then listen for these names in order to give your attention only to the information which is relevant to you.

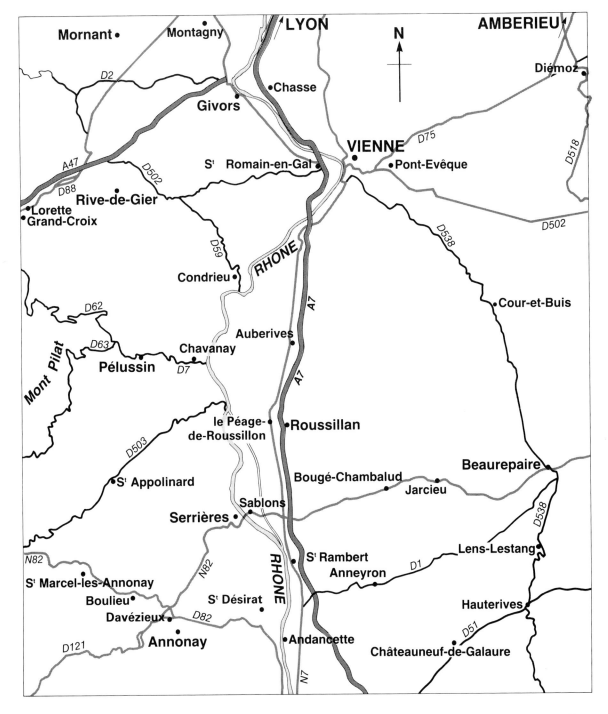

Brief On arriving you find the *gîte* dirty and insufficiently equipped. You complain at the *Syndicat d'Initiative* where you are asked to fill in a questionnaire so that your complaint may be filed.

TASK D Fill in the questionnaire.

.... A DECOUPER SUIVANT LE POINTILLE ....

Tél. (74) 23.61.93

....
Retourner ce questionnaire à RELAIS DES GITES RURAUX
1, Place Clemenceau 01000 BOURG en BRESSE

OBSERVATIONS SUR LE GITE : . . . .

. . . .

NOM : . . . .

ADRESSE :

LES PRIX ENONCES ONT-ILS ETE RESPECTES ?   OUI

ADRESSE DU GITE LOUE :   NON (1)

NOM DU PROPRIETAIRE DU GITE :   AVEZ-VOUS DES SUGGESTIONS A FAIRE ? . . . .

au   . . . .

PERIODE DE LOCATION : du

AVEZ-VOUS DEJA UTILISE LA FORMULE DES GITES DE FRANCE ?   OUI
                                                          NON (1)   REUTILISEREZ-VOUS CETTE FORMULE A L'AVENIR ?   OUI
                                                                                                                    NON (1)

COMBIEN DE FOIS ?   LE . . . .

                                                          FAIT A . . . .
PAR QUEL MOYEN AVEZ-VOUS DECOUVERT LE MOUVEMENT DES GITES DE FRANCE ?

        - PRESSE
        - RADIO-TELEVISION   (1)   SIGNATURE :
        - AMIS
        - NOTRE BROCHURE
        - AUTRES : . . . .

(1) Rayer les mentions inutiles.

Brief You are also given a leaflet with details of alternative accommodation which the *Syndicat* has arranged for you.

TASK E Write a postcard home recommending *le Grand Ronjon* saying why you find it an ideal place to stay.

CHAMBRES Chez l'HABITANT

Pour le sanitaire! il existe 3 catégories de chambres :

catégorie A : sanitaire complet commun avec le propriétaire
catégorie B : sanitaire complet réservé aux chambres
catégorie C : sanitaire complet dans chaque chambre

ABREVIATIONS

ch. : chambre	cent. : central	M.I : maison indépendante
chauf : chauffage	G.E. garderie d'enfants	E.A : exploitation agricole
élec : électrique	P.F. : produits fermiers	Equit : équitation

1

CONFORT - 560 m (Bellegarde 6 km)
3 ch. (4 lits 2 pl, 1 lit 1 pl, 1 enf) dans une E A
chauf. élec. - P.F.
Table d'hôte, midi et soir
Pêche 4 km-piscine,tennis,équit 7 km-ski fond 8 km

BONNIN Andrée
CONFORT
01200 BELLEGARDE
T (50) 48 00 39

2

CORLIER - 800 m- (Hauteville 11 km)
2 ch. (5 lits 1 pl, 1 lit 2 pl) en étage dans une M I
catégorie B - chauf. cent G.E cuisine
Table d'hôte, midi et soir
Equit 7 km - piscine,piscine, pêche,tennis 11 km

JACQUEMET Mireille
Les Thuyas
01110 CORLIER
T (74) 38 57 12

3

CORMOZ «le Grand Ronjon» 200 m (St Amour 10km)
5 ch. (3 lits 2 pl, 1 lit 1 pl, 2 lits enf) dans une E A
(ferme auberge) catégorie B - chauf élec P F
Table d'hôte en auberge, midi et soir
Pêche 2 km,piscine 10km- lac. équit 15km- poney

GUYON Claude
Le Grand Ronjon
01270 CORMOZ
T (74)51 23 97

4

ECHALLON «le Favillon» 840 m (Oyonnax 12 km)
5 ch.(8 lits 2 pl, 1 lit 1 pl, 1 lit enf) en étage dans
une M.I -catégorie B chauf élect - utilisation
possible de la cuisine - G.E - P.F
Table d'hôte , midi et soir
Equit 1 km - pêche 3 km lac,baign 5 km- ski 4km

EGRAZ Gaston
PLAGNE
01490 ST GERMAIN
DE JOUX

5

ECHALLON «le Crêt» 840 m (Oyonnax12 km)
1 ch. (1 lit 2 pl, 1 lit enf) en étage dans une E A
catégorie C chauffage central
Pêche 3 km - ski 4 km -lac, baignade 5 km piscine
tennis 11 km - équitation 15 km

PONCET Firmin
01490 ECHALLON

T (74) 76 48 53

L'avenir est dans le passé

Objectives
- understanding an ansaphone message
- understanding a telex
- writing a telex
- understanding a business report
- preparing briefing material for a meeting

Role Paul Hughes, trainee manager for Elite Reproductions Ltd, a firm manufacturing reproduction furniture for export.

Brief A message has been recorded on your ansaphone.

TASK A Listen to the ansaphone message.

Technique Unlike many listening situations ansaphone messages can be repeated as many times as required. You must ensure that you write down facts, figures and names accurately. For example, if you received a message from a Madame Giraud of *Etablissements Betrand et Fils*, Calais, you would need to note both the name of the caller and that of the firm. The person for whom the message is destined may not know who Madame Giraud is.

It is probable that you will also need to take down the main points of her message in note form so that the person receiving the message can grasp the essential points immediately, e.g.

Batch 5641 20 fan belts faulty.
Request replacements a.s.a.p.

TASK B. Read the telex which arrives the following week and write a
memo to the Production Manager.

```
771434 ELITE R
TELEX A L'ATTENTION DE MR PAUL HUGHES
LE MARDI 13.2

NOUS VENONS DE RECEVOIR AUJOURD'HUI
LES COMMANDES NUMERO G34792 A25297
J36491 ET NOUS VOUS REMERCIONS DE
VOTRE DILIGENCE DANS CETTE AFFAIRE.
NOUS AIMERIONS QUAND MEME ATTIRER
VOTRE ATTENTION SUR LE FAIT QUE DANS
NOTRE LETTRE ACCOMPAGNANT LA COMMANDE NOUS AVONS
PRECISE QUE TOUTES LES POIGNEES DANS
LA COMMANDE NO.A25297 DEVAIENT
ETRE EN VERRE.  NOUS CONSTATONS
QU'AU CONTRAIRE ELLES SONT TOUTES EN BOIS.
NOUS APPRECIERONS DONC
L'ENVOI PAR RETOUR DES POIGNEES QUE
NOUS AVONS SPECIFIEES.

SINCERES SALUTATIONS
JEAN SARDA
MEUBLES BEAUBOURG 312474
771434 ELITE R.
```

Technique Having first read the telex right through, you will find you
can disregard parts of it (e.g. it would not be relevant to
mention in your memo that the French company had
received your delivery). Once you have decided what the
essential point is you will need to study some sections more
closely.

Brief   The Production Manager sends you the following memo in reply.

ELITE REPRODUCTIONS LTD

INTERNAL MEMORANDUM

TO:	Paul Hughes	FROM:	Peter Wise
DATE:	14.2	REF:	Meubles Beaubourg

RE: your query ORDER NO. A25297 temporarily

out of stock but expect delivery in 3

weeks.

TASK C   Using the information you have received telex Meubles Beaubourg.

Technique   Specialised vocabulary such as *ne plus avoir en magasin* for 'out of stock' and *les délais de livraison* for 'delivery dates' may seem difficult to acquire but you will find that you quickly build up a repertoire of frequently used terms relevant to your particular job and remember you can always refer to a dictionary. When writing the telex make sure you follow the accepted format by referring to the one from Meubles Beaubourg. You might start the text of the telex with these words: *Nous accusons réception de votre télex du 13.2.*

Brief   Meubles Beaubourg are pleased with your products and have written to you enclosing the results of their market research recently conducted in the Bordeaux region. They hope that you may be able to increase your range in line with the results of this research. There is a copy of this report on the next page.

TASK D   Read the report and list its main findings. These are to be presented at a board meeting considering the introduction of new lines.

Technique   You will need to read the whole report but not all of it will be relevant to the board meeting. As with the telex you will have to sift through the information before you can decide what to include in your report. For example, it is important to state who participated in the research and how many people replied to the questionnaire, but details such as the exact date of the research would probably not interest the Board.

When you have decided which information you wish to present, ensure an accurate translation by using a dictionary for specialised vocabulary, e.g. *vaisseliers d'époque* meaning 'period dressers'.

You would probably only want to include in your report the three most popular products, and therefore it would not be necessary to translate all the findings.

MEUBLES BEAUBOURG

Rapport d'une étude de marché menée par A.S., de la part des "Meubles Beaubourg".

Termes de référence

Cette étude a eu lieu pendant le mois de mars. On a choisi, au hasard, un échantillon de 500 clients qui ont acheté des "Meubles Beaubourg" et au cours des 12 derniers mois, un meuble de reproduction anglais. Un questionnaire a été envoyé et les résultats ont été recueillis.

Résultats

341 clients ont rempli et renvoyé le questionnaire.

*   Quand on leur a demandé s'ils étaient satisfaits des meubles qu'ils avaient achetés

    82% des clients ont répondu Oui.

*   Quand on leur a demandé s'ils achèteraient plus de meubles si une gamme plus étendue leur était offerte

    71% ont répondu Oui.

*   Quand on leur a demandé quel genre de mobilier ils aimeraient voir

    62% ont choisi des tables ovales en bois sombre teinté

    36% ont choisi de petites tables de salon en frêne

    81% ont choisi des vaisseliers d'époque

    16% ont choisi des fauteuils à bascule de l'époque victorienne

    43% ont choisi des armoires en acajou avec garnitures en cuivre

    8% ont choisi des lits à colonne en chêne

    72% ont choisi des secrétaires en if.

3 Tenter sa chance

Objectives	• understanding a discussion • explaining a problem in French • understanding written instructions

Role   Tourist on holiday in Aix-les-Bains.

Brief   You and your wife are staying at a *Camping à la ferme* five kilometres from Aix-les-Bains. You return after a day's outing to find your belongings soaked as the tent is letting in water. People on the site are helpful and offer you advice.

TASK A   Listen to their advice and consider the advantages and disadvantages of the various solutions suggested.

Technique   When people are making suggestions to you, listen for the main point. Try not to be distracted by hesitation, repetition, irrelevant comment and rhetorical language, such as *Ça, c'est de la théorie.*

Often when people are trying to convince you of their point of view, they will make the same point in different ways. Be aware of this as it will give you a further opportunity to grasp what is being said.

As some of the phrases will be new to you it might be useful to note these so that you use them yourself, e.g. note that *une bombe* means 'aerosol'.

Brief   You decide to go to the local D.I.Y. shop.

TASK B   Explain your problem to the assistant and ask him which of the solutions suggested would be best.

Technique   Explaining is a complex task in a foreign language so it is important to organise what you intend to say. Do not go into too much detail and try to use the French words and expressions you have heard such as *enduire* for 'to coat' or *une bâche en plastique* for a plastic sheet/cover. Where necessary look up essential words in your dictionary, e.g. *conseiller* for 'to advise'. However, try not to write down everything you are going to say as this will inhibit you.

Study the following explanation given to an insurance representative by a tourist who has had problems with the exhaust pipe on his car when travelling through France. The expressions in italics may be of particular use.

«Bonjour monsieur, *est-ce que vous pourriez m'aider, s'il vous plaît? J'ai un problème* avec mon pot d'échappement qui s'est détaché de ma voiture. *Plusieurs personnes m'ont suggéré* certaines choses et maintenant *je ne sais plus quoi faire.* A mon hôtel *on m'a dit qu*'il serait impossible de trouver en France la pièce détachée qu'il me faut. Pourtant, le porteur *pensait que* si j'allais au concessionnaire à Toulouse, je pourrais avoir la pièce dans les 48 heures, mais je ne peux pas me permettre de passer encore deux jours ici. A un garage, *on m'a suggéré* de louer une voiture, à un autre on m'a dit qu'il essayerait de souder la partie qui s'est détachée. *Je suis donc venu vous demander ce que vous en pensez.*»

TASK C On the advice of the shop assistant you buy an aerosol. The instructions are in French. Make sure you and your wife understand them.

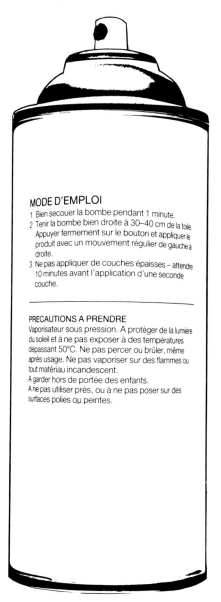

MODE D'EMPLOI
1 Bien secouer la bombe pendant 1 minute.
2 Tenir la bombe bien droite à 30–40 cm de la toile.
Appuyer fermement sur le bouton et appliquer le
produit avec un mouvement régulier de gauche à
droite.
3 Ne pas appliquer de couches épaisses – attendre
10 minutes avant l'application d'une seconde
couche.

PRECAUTIONS A PRENDRE
Vaporisateur sous pression. A protèger de la lumière
du soleil et à ne pas exposer à des températures
dépassant 50°C. Ne pas percer ou brûler, même
après usage. Ne pas vaporiser sur des flammes ou
tout matériau incandescent.
A garder hors de portée des enfants.
A ne pas utiliser près, ou à ne pas poser sur des
surfaces polies ou peintes.

Technique When faced with a set of instructions you must make sure you understand every word. Look up unfamiliar words. You may find several alternatives are given. Choose the most appropriate in the context and if necessary cross-refer by looking up the English word to make sure you have made the right choice. Progress logically as you cannot omit any stage.

4 A votre service

Objectives
- writing a letter of enquiry in French
- writing a C.V. in French
- understanding a hotel brochure
- relaying information in English
- making a telephone call
- writing a letter of confirmation in French

Role Tim Stevens, school leaver.

Brief You will soon be leaving school and want to find a summer job in a hotel in France.

TASK A Write a letter of enquiry and enclose your curriculum vitae.

Technique A letter of enquiry can be quite short as the detailed information will be contained in the C.V. You would probably include details of your availability and the type of work you are seeking, and could use phrases such as *je pourrais travailler entre le . . .* or *je pourrais commencer le . . .*

When writing a letter in French you must pay attention to the layout so look at other letters in French. There are other examples in Assignments 8, 12 and 20. Remember that you will need to add the year after the date and that when writing an informal letter, French people usually just put the place and the date in the top right-hand corner, e.g. *Rouen, le 26 novembre 1987* and not their address as is common in English letter-writing.

Your C.V. must be carefully prepared. Study Fiona Begg's and note the nature of the information given.

Curriculum Vitae

Fiona Begg,
17 Spring Road,
Leeds 8, Angleterre.

Date et lieu de naissance : 15. 8. 1961   Leeds

Etudes :   General Certificate of Education - O Level
                  (équivalence Brevet) français, dessin,
                  géographie, anglais, mathématiques.
                  - Niveau Supérieur (équivalence
                  Baccalauréat) géographie mention C.

Expérience passée : a travaillé un an dans un agence de voyages.

Connaissance des langues:
                  a étudié le français pendant cinq ans à
                  l'école.

Si vous voulez de plus amples renseignements veuillez écrire à
                  M. Charles,
                  Headmaster,
                  Morley Comprehensive school,
                  Woodhouse Lane,
                  Leeds 7.

You can use this format as a model. It is not too difficult to adapt as it does not require full sentences. You will use the same sort of information as in English but you will need to clarify terms which are specific to the British way of life.

l'Hôtel Continental Paris

HOTEL CONTINENTAL PARIS 3, rue de Castiglione – 75040 Paris Cédex 01
Tél. 260.37.80 · Télex 220114

Monsieur T. Stevens
42 Hollingworth Road,
Leeds 8,
Angleterre.

Paris, le 24 février

Cher Monsieur,

Suite à votre lettre du 6 février, nous sommes heureux de vous communiquer notre intention de vous offrir, pendant les mois d'été, une situation en tant qu'aide-cuisinier. Vous serez rémunéré selon le taux du SMIC actuel, avec cependant une retenue pour votre logement et nourriture.

Pour votre intérêt, vous trouverez ci-inclus, quelques renseignements sur l'hôtel.

Nous vous prions de nous faire connaître dès que possible, votre décision quant à l'acceptance de cette offre avec de même l'éventuelle date de votre arrivée.

Recevez, Monsieur, l'expression de nos sentiments les meilleurs,

J. Devrois
Directeur

l'Hôtel Continental Paris

Terrasse Fleurie

Pendant les beaux jours, élégance et détente au milieu d'un jardin fleuri et autour d'une fontaine ; déjeuners d'affaires et diners romantiques aux chandelles.

Rôtisserie Rivoli

Un restaurant élégant, très parisien, où vous trouverez un choix de spécialités françaises et de grillades au feu de bois.

LE BISTRO

Rendez-vous idéal pour déjeuner, spécialités régionales et cocktails y sont servis (fermé samedi et dimanche).

bistrothèque

Pour danser ou prendre un verre, notre discothèque est ouverte chaque soir de la semaine de 22 h. à 4 h. du matin.

Café Tuileries

Un restaurant-bar, style "Belle Époque", servant petits-déjeuners, repas légers, cocktails et pâtisseries, ouvert jusqu'à minuit.

Quatre-vingt-dix ans après son ouverture, le 10 août 1968, Continental Hotels, filiale de la Pan American Airways, a rattaché le Continental à sa chaîne mondiale qui comprend une soixantaine d'établissements, surtout en Amérique du Sud et en Europe. Dès juin 1969, on pouvait occuper cent soixante chambres rénovées; la métamorphose complète permettra d'accueillir la clientèle des cinq cent vingt chambres, et d'organiser des banquets de sept cents couverts ou des conférences de neuf cents auditeurs.

Comme c'est devenu la coutume de nos jours, plusieurs tables à décors et menus différents sont à la disposition des amateurs curieux : la Rôtisserie Rivoli, le Coffee-shop, la Terrasse fleurie qui a remplacé l'ancienne cour, présentant ses tentes en été, son velum en hiver, ses jeux d'eau, et proposant de délicieux repas en plein air. Il faut y ajouter le Salon Napoléon où l'on sert les petits déjeuners, les deux bars, aussi confortables que discrets : le Rivoli et le Bistro.

Les derniers perfectionnements des techniques modernes s'allient au charme et à la somptuosité du bon vieux temps, grâce à un site unique dans Paris. le cœur historique de la capitale classique. Rien n'a empêché l'impératrice Eugénie de retrouver les ombres qui lui étaient si chères malgré le vacarme des machines. Si nous, vieux Parisiens, sommes émus par ce musée discret de souvenirs, auxquels nous n'avons pu faire ici qu'une très mince part, je suis certain que les jeunes étrangers, même ignorants de notre histoire, seront émus en cet endroit sensible.

Comment ne pas être touché par le souci qu'à éprouvé l'hôtel Continental de ne pas effacer les traces d'un autrefois si lointain et si proche, tout en demeurant vigilant du bien-être de ses hôtes et du progrès de ses appareils? Nouveau phénix, le Continental renait de ses cendres, plus beau que jamais.

TASK B Tell your friend about the letter you have received and give him some information about the hotel as he is also looking for a summer job.

Technique When looking at the information from the hotel try to concentrate on the sort of information that might interest your friend. He will probably not be interested in the hotel's history but he might like to have some idea about the facilities the hotel can offer, such as the bars, restaurants, discos. If there are words or phrases you do not understand do not immediately turn to your dictionary; consider whether it is likely to be essential information.

TASK C   Phone the hotel accepting the job and enquiring whether there would be a vacancy for your friend.

Technique   As phoning is more demanding than face-to-face contact, try to prepare yourself by thinking about what you are going to say and the possible replies. Do not forget that on the phone you can refer to notes. Announce clearly who you are – you may need to spell out your name and do not be afraid to ask the other person to repeat what they have said or to speak more slowly. In case the person you require is not available be ready to leave a message. There is a set phrase to introduce this: *Est-ce que je pourrais laisser un message?* The official post office code for spelling names on the phone can be heard on the tape. You may find it useful.

TASK D   Write to the hotel confirming the arrangements.

5 6ième étage, vue sur les toits

Objectives
- understanding a letter from a bank
- making an appointment on the telephone
- understanding and discussing banking arrangements
- understanding an advertisement
- requesting information in French
- filling in a form

Role   English student studying in Paris for a year.

Brief   You are staying with friends while you are looking for accommodation. Your parents are transferring money to your French bank account and you receive a letter from the bank (see overleaf).

TASK A   Phone and make the necessary arrangements with the bank.

Technique   The letter gives you the expressions you will need to make your arrangements with the bank, e.g. *Je voudrais prendre rendez-vous avec M. Lechat, ouvrir un compte sur livret.*

As you are phoning a large organisation you will have to ask for the extension number as follows:
   Je pourrais avoir le poste numéro 316?

As with all phone calls, think about what you are going to say beforehand and refer to the letter to prompt you.

vous désirez téléphoner...

21

BANQUE NATIONALE DE PARIS

SOCIÉTÉ ANONYME AU CAPITAL DE 1507 MILLIONS DE FRANCS
SIÈGE SOCIAL   16, BOULEVARD DES ITALIENS — PARIS (9ᵉ)
R. C. S. PARIS B 662 042 449

Mademoiselle Sonia Roberts
chez M. et Mme Garcier,
33 rue Chaudron,
75010 Paris.

Paris, le 9 septembre

Mademoiselle,

Nous venons de recevoir sur votre compte courant No. 11986453
un virement de 1.500 livres sterling de Williams and Glyns Bank,
London Road, Norwich. Nous vous demandons de vous présenter dans
les prochains jours pour ouvrir un compte sur livret comme vous
nous l'aviez demandé lors de votre visite.

Nous vous prions de prendre rendez-vous en téléphonant à
M. Lechat, poste 316.

Veuillez agréer, Mademoiselle, l'expression de mes sentiments
les meilleurs.

M. D. Gilbert,
Sous-directeur

Brief   At the bank M. Lechat hands you a leaflet.

COMPTE SUR LIVRET BNP

**Qu'est-ce que
le Compte sur Livret BNP?**

C'est un compte sur lequel je peux à volonté déposer de l'argent ou en retirer et il me rapporte un intérêt.
Je dispose d'un livret permettant les retraits et je reçois le relevé mensuel de mes opérations.

Combien cela me rapporte-t-il?

Des intérêts réglés une fois dans l'année. Au guichet, il me sera indiqué le taux en vigueur.

**Qui peut avoir un Compte
sur Livret BNP?**

Tout le monde, même les personnes mineures. Je peux aussi avoir un compte sur livret avec une ou plusieurs personnes, il s'agit alors d'un compte joint sur livret.

**Comment et quand alimenter
mon compte?**

Dépôt initial: 100 F minimum.
Après, je verse ce que je veux, mais il est préférable pour moi de m'astreindre à des versements réguliers même peu importants.
Résultat: mon épargne augmente sans effort.
J'alimente mon compte par virements automatiques. Je peux aussi déposer des espèces ou des chèques dans n'importe quelle agence B N P.

Où retirer de l'argent?

Dans toutes les agences B N P, sur présentation du livret et d'une pièce d'identité, je peux retirer jusqu'à 3000 F par période de 7 jours.
Je peux aussi, si je veux, retirer tout mon argent en une seule fois à mon agence B N P en laissant un minimum de 100 F pour ne pas fermer mon compte.

Régime fiscal.

J'ajoute les intérêts perçus à ma déclaration de revenus de fin d'année ou je choisis le prélèvement forfaitaire libératoire. Mon agence BNP me conseillera à ce sujet.

Le compte sur livret BNP, c'est vraiment le complément idéal de mon compte de chèques. Il me rend la vie plus facile, en m'aidant à économiser et il me rapporte.

TASK B   Discuss the benefits of a savings account with M. Lechat and
ask for some of your money to be transferred.

Technique   This leaflet is designed to present the information as simply
as possible. You could use the questions printed on the
leaflet to obtain further clarification from M. Lechat.

Brief The next day you see this advertisement at the University and go to see Mme Hubert.

A Louer - Imm. moderne 14e. métro. Alésia

Meublé 2P. cuis. w.c., chauf.

Contacter Mme Hubert

15 bis, Ave. Général Leclerc

Paris 14e.

Prix 1750 par mois

TASK C   Find out more details about the flat.

Technique   In this situation you could make a list of the points that you intend to raise with the landlady. Why not note down the words you will need to use so that you can concentrate on her replies? Your list might look like this:

where exactly?   adresse

which floor?   étage

pay deposit and
       how much? verser une caution

when available?   libre à partir de

facilities   aménagement

heating and electricity   compris
       included?

Brief   You visit the flat and decide to rent it from 1 October.

TASK D   Fill in the form given to you by Mme Hubert.

FICHE DE LOCATAIRE   Mme Hubert

33, rue d'Alésia PARIS 14ème

Nom ....   Date du commencement de la

Prénom ....   location...................

Date de naissance..........   Durée de location..........

Lieu de naissance ....

Nationalité................   ☐ 6 mois ☐ 1 an ☐ 2 ans

No. de passeport...........   Cochez la fenêtre appropriée

Emploi.....................   Caution versée (1 mois en

Banque.....................   advance)

No. de Compte..............   F.

Banco! Banco!

6

Objectives
- abstracting information from a radio guide
- completing a table (programme information)
- note-taking from a radio programme
- writing a report

Role Part-time market researcher with some knowledge of French.

Brief You have been employed by the local radio station in Cambridge to analyse popular quiz programmes in France as part of a market research study into their suitability for British audiences. The programme controller gives you the radio guide he has obtained from France and tells you he is interested in an analysis of four quiz programmes: *Le jeu des mille francs, Expliquez-vous, Quitte ou double* and *Cette année-là*.

TASK A Study the radio guide and complete the programme information.

Title of Programme	Time of Day	Length	Radio Station
Le jeu des mille francs			
Expliquez-vous			
Quitte ou double			
Cette année-là			

LES ÉMISSIONS FIXES DU LUNDI AU VENDREDI

FRANCE-INTER

1.00 Frantz Priollet (lundi : J.-Ch. Aschero).
2.00 Macha Béranger.
3.00 Les Bleus de la nuit, de Michel Bichebois. Un hit des clubs pas comme les autres, avec Alain.
4.30 Christian Debois-Frogé.
De 6.00 à 8.45 Informations, avec Philippe Caloni : Laurent Deboise (6.00). Jacques Esnous (6.30). Luc Évrard (7.00). Sports (7.15). Économie : Pierre Briançon (7.25). Jérôme Bonaldi (7.30). Les indiscrétions (7.55). Gérard Courchelle (8.00). Revue de presse de Dominique Souchier (8.30).
8.45 Eve Ruggieri raconte... Cléo de Mérode.
9.30 Louis Bozon : Chant libre.
11.00 Le Tribunal des flagrants délires, de Claude Villers et Luis Rego.
12.30 Jean-Pierre Chabrol.
12.45 Le Jeu des mille francs.
13.00 Journal : Pierre Weill.
13.30 « Arletty » : André Asséo et Michel Bichebois.
14.00 Virus, avec Jacques Pradel.
16.00 Jacques Chancel : Parenthèses.
17.00 Y'a d'la chanson dans l'air, avec Jean-Louis Foulquier.
19.00 Journal : Patrice Bertin.
19.20 Face au public, avec Gilbert Denoyan (L.). **Le téléphone sonne** (Mar., Mer. et J.). **Vendredi soir :** Arlette Chabot.
20.00 Feed back : Bernard Lenoir.
22.15 ✳ Intersidéral.
23.00 ✳ José Artur.

EUROPE 1

5.00 Jean-Claude Laval.
6.20 André Arnaud.
De 6.30 à 9.00 Aujourd'hui, avec Gilles Schneider et Brigitte : Un invité en direct (6.40 et 7.40). Pierre Bonte (6.45). Guy Thomas (7.15). Frédéric Grendel (7.45). En Province (7.50). Jean Boissonnat (7.55). Journal de Jean-Claude Dassier (8.00). La revue de presse d'Ivan Levaï (8.20). Expliquez-vous (8.30).
8.45 Maryse et Christian Morin.
8.54 Guy Thomas : Lettre ouverte à... ceux dont dépend notre vie. Au nom des auditeurs.
9.07 Qu'est-ce que je dois faire ?, avec Hennig et Hocquenghem.
11.00 Les Lurons d'Europe 1 : Thierry Le Luron, François Diwo et Bernard Mabille.
12.00 Tous pour un : Bellemare.
13.00 Journal, avec André Arnaud.
13.30 Histoires vraies, de Pierre Bellemare.
14.00 Découvertes, avec Jean-Pierre Elkabbach.
16.00 La Récré : Jacques Rouland.
17.00 Les n°° 1, avec Jean-Loup Lafont.
19.00 Journal, avec Olivier de Rincquesen.
20.00 Scoop n°1 : Yann Hegann.
20.30 Radio libre à..., une émission d'Ivan Levaï.
22.30 Journal : J.-Claude Dejey.
22.40 Top à Wall Street.
22.55 Entreprendre.
23.00 Barbier de nuit.
0.30 Rock à l'œil : Yves Bigot.

RTL

5.30 Jean-Pierre Imbach.
6.30 et 8.00 Journal de J.-J. Bourdin.
De 7.00 à 8.30 Informations, avec Jean-Claude Larrivoire ou Alain Krauss. Chroniques de Maurice Cazaux (7.15). Marc Ullmann (7.24). Philippe Alexandre (7.45). Revue de presse de P.-M. Christin (7.55). Paul-Jacques Truffaut (8.15). RTL Finances dernières (8.18). Ménie Grégoire (8.25).
8.30 Patrick Sabatier.
11.00 Casino Parade : Fabrice.
13.00 Journal d'Henri Marque.
13.30 Les Auditeurs ont la parole, avec Nicolas Angel.
14.05 Anne-Marie Peysson.
16.30 Les Grosses Têtes de Bouvard.
19.00 Challenger : Julien Lepers.
20.30 Max Meynier.
22.30 Journal : Brice Barrillon.
22.50 Michel Clerc.
23.05 W.RTL : Georges Lang.

RMC

5.00 Max Lafontaine.
De 7.00 à 9.00 Informations.
8.30 Plaidoyer sur RMC.
8.45 Jeanne Moreau raconte Errol Flynn.
9.00 Jean-Pierre Foucault.
10.00 J'ai retrouvé votre oncle d'Amérique, avec J.-P. Foucault et le généalogiste Léo Jouniaux.
11.00 Guy Lux : Défendez vos couleurs à Agen, animé par Patrick Roy.
12.40 Quitte ou double : Z. Max.
13.00 Journal : Daniel Rey.
13.30 Frédéric Gérard.
14.30 Dr Jacqueline Renaud.
De 14.45 à 17.00 Larsen.
16.15 Frédéric Pottecher raconte... Colmar en mai 1928, procès d'automobilistes alsaciens.
16.45 Georges Walter raconte... les histoires de la Méditerranée.
17.00 J. Pessis et Danièle Evenou : le salon extraordinaire.
18.10 L'Age d'or de la pop-musique.
18.30 Journal. RMC vous répond.
19.15 Alain Chabat, le gonzo.
21.00 Marc Toesca : Wap Doo Wap.
22.30 Journal.
22.45 Billie.

SUD-RADIO

258 m - 1160 kHz

6.00 Les Lève-tôt : Didier Joël.
9.10 Les Matins du Sud : L. Cassan.
11.00 Pauline Sulak.
14.00 Les Gens à histoires.
15.00 Pour le plaisir : Yann.
17.00 Arrêtez-tout : Christophe.
19.30 Cocktail : Maxime.
20.30 Daniel Pyrène.

RADIO BLEUE

De 8.00 à 11.00 Martine Chardon.
8.45 Les Quatre Vérités.
9.30 Loisirama.
10.00 La Joie de vivre (lundi). **L'Opérette** (Mar.). **Grand-mère et boules de gomme** (Mer.). **Les Nuits du bout du monde** (J.). **Histoire de la chanson** (V.).
11.00 Atout cœur : Thierry Beccaro.
11.30 Cette année-là : jeux.

Technique As this is a condensed text you will need to read the whole page methodically stopping as soon as you locate one of the programmes you are looking for. Do not be distracted by information that does not concern you or be overwhelmed by large sections which do not contain any of the information you need.

Brief Your first report is to be based on *Le jeu des mille francs*.

TASK B Listen to the recording and analyse the format, noting the distinctive features of the programme to help you compile your report.

Technique This is the kind of situation in which you will be able to use a dictionary and other reference material. You will be able to stop and start the recording as many times as necessary and you will want to make notes about
- the composition of the programme
- the sort of introduction
- whether it's recorded on location or in a studio
- who compiles the questions
- the type of questions asked
- how the contestants are introduced
- whether there are time limits
- whether there is audience participation
- what prizes are involved

As you are listening you may take notes in either English or French or even a combination of the two.

TASK C Write a brief report about *Le jeu des mille francs* for your employer, presenting your findings.

Technique Your findings should be clearly presented and well expressed in complete sentences. First organise your notes in a logical order, grouping together your notes under headings such as
- format
- questions
- contestants

You would start your report with information from the programme schedule you prepared.

7 A partir d'Agadir

Objectives	• understanding a talk (by a courier) • planning a programme of excursions • understanding tourist information • relaying information in English • making a telephone call • understanding and translating a message

Role Tourist on holiday with a friend in Agadir, Morocco, for two weeks.

Brief You are staying at the hotel *Les Dunes d'Or* where you are the only English guests. On the first day you are given some information about excursions from Agadir (see next page). You have set aside 300 dirhams for trips and you have already booked for tennis and sailing on Monday, 30 May and Friday, 3 June.

🔊 TASK A Listen to the information and look at the programme of excursions making a note of prices and times. Tick the ones you are interested in, bearing in mind your budget and commitments.

JOUR	EXCURSION	JOUR	EXCURSION
LUNDI 30 mai	**TAROUDANT**	**JEUDI** 2 juin	**IMOUZZER**
	SOIREE BERBERE +Vin	**VENDREDI** 3 juin	**SOIREE HOMARD**
MARDI 31 mai	**INEZGANE**	**SAMEDI** 4 juin	**GOULIMINE**
	TAFRAOUT Repas		**AGADIR**
MERCREDI 1 juin	**MARRAKECH**	**DIMANCHE** 5 juin	**AMTOUDI**

Brief After the talk you are given a leaflet with details about the places that can be visited.

TASK B Tell your friend about the places you would like to visit.

EXCURSIONS

AGADIR TOUR DE VILLE

Détruite par le tremblement de terre de 1960, la ville a été reconstruite en un temps record. Vous visiterez le port,l'ancienne Kasbah, l'emplacement de l'ancienne ville, et une manufacture école de tapis.

TAFRAOUT

Mini-circuit en véhicule 10 places au cœur de l'anti-Atlas, les petits villages de Tafraout accrochés aux flancs des rochers de granite rose, parmi les palmeraies, font ressentir un calme et une sérénité extraordinaires.Au retour, visite de Tiznit et ses bijoutiers berbères. Déjeuner compris.

GOULIMINE

La "Porte du désert", rendez-vous des hommes bleus. Goulimine est un ancien centre caravanier devenu le principal souk aux chameaux du pays. Retour par la côte avec un arrêt à Sidi Ifni, puis à Tiznit avec son fameaux marché aux bijoux d'argent.

INEZGANE

Pittoresque petite ville dont le marché du mardi est le lieu de rassemblement des tribus bérbères avoisinantes.Nattes,bijoux,épices,tissus voisinent avec le charmeur de serpents et confèrent à ce souk,le plus important de la région, un charme indéniable.

AMTOUDI

En véhicule tous-terrains, vous connaitrez le Sud ! à dos d'âne vous atteindrez "l'Agadir":ancien grenier collectifs des Id Aïssa surplombant une oasis luxuriante. Déjeuner compris.

MARRAKECH 2 JOURS

Par la nouvelle route,vous rejoignez Marrakech seconde ville impériale du Maroc, dont les mille visages vous charmeront. Hébergement en hôtel de première classe. Aprèsmidi visite de la médina et des souks, dîner dans le cadre fabuleux d'un ancien palais(avec spectacle).
Seconde journée, visite historique de Marrakech déjeuner à l'hôtel et après-midi libre jusqu'à l'heure du départ pour Agadir.

MARRAKECH 1 JOUR

Capitale du Sud.C'est le Maroc tout entier dans l'enceinte de ses remparts, dans ses palais, ses jardins, ses souks et sa place "Djemma El F'na". Piquez un plongeon dans la piscine après déjeuner et goûtez un dîner marocain dans le cadre majestueux d'un ancien palais.

IMOUZZER

Une demi-journée en montagne,parmi les amandiers les palmiers et les oliviers, en longeant les torrents qui donnent naissance à la cascade dite "Le voile de la mariée".

SOIREE BERBERE

La vallée des légendes. Dans le village fortifié, la maison d'hôtes vous accueille aux flambeaux sous ses voûtes centenaires, pour un dîner authentique dans la plus pure des traditions berbères.Vin à discrétion.

TAROUDANT

"La Perle du Souss". Une des plus vieilles villes fortifiées du Maroc, que dominent les cimes enneigées du haut-Atlas.Artisanat,cuir,cuivre, laine, bijoux.

Brief   The day before you leave you have still not received details
about the transfer to the airport for your return journey.

TASK C   Phone the representative of Atlastours, at 23604 and explain
your position.

Brief   That evening you receive the following note:

TASK D   Tell your friend what it says.

Je regrette de vous informer

Objectives
- translating a business letter into English
- writing a business letter in French
- translating a business document into French
- translating a legal letter into English

Role Secretary to Charles Webster and Sons, a large retail jewellers.

Brief Your boss has received a letter from France and wishes to know its contents.

TASK A Translate the letter for your boss.

Technique Before you attempt this task consider what information your boss really needs. A WORD-FOR-WORD WRITTEN TRANSLATION requires an attention to style and an understanding of every word. It gives your boss an accurate written record. BRIEF NOTES require selection of the important details so you will not need to understand every word. Your written record will be short and in note form. An ORAL ACCOUNT involves paraphrase of the main points. You will need to read the letter through first and may find it easier to present the facts in a different order, i.e. 'This is a letter from a French lady called Odette Ambier . . .' Given the circumstances an oral account would probably be the most appropriate.

15 rue de Verdun

Nancy 54000.

Nancy, le 18 juin

Monsieur,

Lors de mon dernier séjour en Angleterre, Monsieur Drouet, un ami de
longue date qui habitait en Angleterre, a déposé chez vous, en vue
de modifications, une de mes bagues en or sertie de brillants.

Je regrette de vous informer du décès de Monsieur Drouet. Ce décès
ne me donnera plus l'occasion de revenir en Angleterre et je vous
serais donc très reconnaissante de me faire parvenir la bague le
plus tôt possible.

Je vous prie de m'informer du montant des réparations que je réglerai
dès réception du paquet.

Je vous prie de recevoir, Monsieur, mes salutations distinguées,

O Ambier · (Mlle)

Odette Ambier

Brief   Your boss can only comply with Mlle Ambier's request if he is in receipt of a letter authorising him to do so. He gives you the bill which must be settled before despatch of the ring.

TASK B   Draft a reply to Mlle Ambier, offering your condolences and informing her of the position. Include your bill for repairs with a translation of the same in French.

Technique   Remember that when translating documents such as a bill ACCURACY will be important. Look up the specialised vocabulary. Writing a letter in French can be difficult. The original letter may help you. Look at it carefully and see if there are SET PHRASES which you can use, e.g. *Je regrette de vous informer* . . . *Je vous prie de.* . . . To help you with this letter you could use the following expression of regret: *Nous avons été désolés d'apprendre* . . . Could this be useful in other situations?

CHARLES WEBSTER & SONS
18 Kingsway, Preston

Ref: AY/423   10th April

M. Drouet,
Stoneleigh,
14, Aigburth Road,
Whalley.

INVOICE NO. 1487

To: Work on diamond ring, inclusive of V.A.T.   ..   £165.00

　　　Postage, packing and insurance   ..   ..   ..   £ 24.70
　　　　　　　　　　　　　　　　　　　　　　　　　　　————
　　　　　　　　　　　　　　　　　　　Total: £189.70
　　　　　　　　　　　　　　　　　　　　　　　　　　　════

TASK C   You receive the reply from the solicitor in France. Mr Webster again asks you to help him.

Technique   Which translation technique will be most appropriate in this instance? As, in this case, you are dealing with a legal document, you would require a written record.

J. Michaud

DOCTEUR EN DROIT
AVOCAT
ANCIEN AVOUE

D. Haquard

AVOCAT

10, RUE DE SAINT-DENIS
76000 Rouen
(35) 71.91.59
(35) 70.93.61
C.C.P. ROUEN 1.54 W

Monsieur C. Webster
Charles Webster & Sons
18 Kingsway
Preston
Angleterre

Rouen, le 6 septembre

Monsieur,

Le retard avec lequel je réponds à votre lettre du 27 juin est dû à la fermeture annuelle de nôtre étude et je vous prie de m'excuser.

Quant à la bague en question, je tiens à vous confirmer qu'elle est bien celle de Mlle Ambier. Ma cliente m'ayant montré son bordereau d'achat, j'ai pu vérifier auprès de la bijouterie concernée.

Donc il n'y a maintenant aucun obstacle à ce que vous expédiez la bague dès perception du paiement pour les transformations demandées.

Veuillez recevoir, Monsieur, l'expression de mes sentiments distingués,

Votre bien dévoué.

J Michaud

SOCIÉTÉ CIVILE PROFESSIONELLE D'AVOCATS

Les technocrates, l'écologiste et Paris la nuit

<table>
<tr><td>Objectives</td><td>● understanding an entertainments guide
● making a booking on the telephone
● translating restaurant and theatre details
● understanding and summarising a political pamphlet</td></tr>
</table>

Role Personal assistant in a British firm dealing in micro-computers.

Brief Three of your firm's executives are travelling to France hoping to secure an export order with an important French client Madame Jannel. They wish to take this client to a show and a restaurant on the Tuesday evening. You have been asked to make the arrangements, reserving a table in a restaurant which specialises in sea food near the hotel in the *6ᵉ arrondissement*.

TASK A Look at the relevant pages from *L'officiel des spectacles* (on pages 37, 38, 39) and select a suitable show and restaurant. (Some background on the client is given in the Brief for Task D to help you make your choice.)

Technique The abbreviated language of guides like these may be very puzzling. Below is a list of some of the more frequently used abbreviations.

Déj.	....	r.	....
M°.	*métro*	Ven.	....
ouv.	....	Loc.	....
t.l.j.	....	pl.	....
cuis.	....	rés.	....
F. dim.	....	clim.	*climatisé*
t.l.s.	....	bd.	....
carref.	*carrefour*	s.c.	....
Din.	....	serv.	....
Amb.	*ambiance*		

A L'ABBE CONSTANTIN, 13, rue du 4-Septembre. Rés. 297-50-93. (Voir Cabarets).

BELLE EPOQUE, 36, rue des Petits-Champs. 296-33-33. Diner-spectacle dansant : 200 F (boisson et serv. en sus).

BOBINO, 20, rue de la Gaîté, 322-74-84. Soir. 20h45 (sauf dim. et lun.). Mat. dim. 16h. Pl. : 60 à 95 F. Loc. sur pl. et par tél. (par tél. : + 5 F), du mar. au sam. de 11h à 20h, dim. et lun. de 11h à 18h. **Jusqu'au 3 avril** :

CRAZY HORSE, 12, avenue George-V. 723-32-32. T.l.s. 21h25 et 23h45. Ven. et sam. 3 shows 20h20, 22h35, 0h45. (« Cabarets »).

DON CAMILO, 10, rue des Saints-Pères, 260-25-46 - 29-42 - 20-31. (Voir Cabarets.)

ELEPHANT BLANC, 24, rue Vavin, 326-30-90 et 326-88-61 (Voir rubrique « Cabarets »).

L'ELEPHANT BLEU, 12, rue Marignan, 359-58-64 - 225-20-84. (Voir rubrique « Cabarets »).

ELYSEE-MONTMARTRE, 72, bd Rochechouart. 252-25-15. Les mer., jeu., ven., sam. à 21h, les mer. et sam. à 15h. Pl. : 60 à 150 F. Tarifs pour groupes et étudiants. Loc. à partir de 11h. **Catch tous les dim. à 15h.** Une nouvelle revue, mise en scène et chorégraphie René PARRA, avec toue la troupe.

ÇA C'EST PARIS

FOLIES BERGERE, 32, rue Richier, 246-77-11. M° Cadet ou Rue Montmartre. ▣ Angle rues La Fayette-Trévise. Soir. 20h45 (sauf lundi). Pl. 65 à 195 F. Clubs : 250 F. Loc. aux guichets de 11h à 18h30. Par corresp. : 8, rue Saulnier.

La nouvelle revue de Hélène Martini, mise en scène, décors et costumes de M. Gyarmathy, chorégraphie de C. Walker, musiques de P. Porte, H. Betti, G. Tabet, lyrics de C. Level et P. Sevran avec Norma DUVAL, Lisette MALIDOR, Michèle ALBA, Laurence FANON, Didier VINCENT, J.-Etienne RAYNAUD, A.-Marie SALIOU, Gilles DUSEIN, Raymond MAGDELEINE, Salvador JAY, Bernard BRUCE, Alain CHANTOMME, Norman DANIELS, Ossep NOUKOUJIKIAN. Attrations : Marika et Les Felipes. Les solistes et le corps de ballet des Folies Bergères dans :

FOLIES DE PARIS

Try and guess as many as you can. Some of the more difficult ones have been done for you. A dictionary may help sometimes but you should make yourself familiar with the most commonly used ones. Notice that there can be more than one accepted abbreviation for the same word, e.g. *Spéc* and *Spté* for *Spécialités*. Often by looking at a similar advertisement you may find the words given for an abbreviation that is puzzling you.

Finally, before making your selection from *L'officiel des spectacles*, remind yourself of your exact requirements.

TASK B   Telephone the restaurant and the theatre you have chosen and reserve six places.

TASK C   Once you have made your bookings write a memo to the sales team giving them details of times, prices and exact locations.

music-halls · variétés

FOLIES BERGERE
LA NOUVELLE REVUE

FORUM DES HALLES, 15, rue de l'Equerre de l'Argent. Park Rambuteau, niveau 3. 297-53-47, M° Châtelet-Les Halles :
Soir 21h (sauf dim et lun). Pl. : 50-40 F. **Jusqu'au 2 avril** :

THEATRE du FORUM des HALLES
21h
TCHOUK TCHOUK NOUGAH
Dominique BAILLY - Jean-Pierre ROBERT
297.53.47

En 1ʳᵉ partie : Dominique BAILLY, sketches et J.-Pierre ROBERT, chanteur comique et les bateleurs, clowns, mimes et chanteurs et instrumentistes :
TCHOUK-TCHOUK NOUGAH

LIDO, 116 bis, Champs-Elysées, M° George-V, 563-11-61. (Voir « Cabarets »).

LUCERNAIRE, 53, rue N.-D.-des-Champs, 544-57-34, M° N.-D.-des-Champs. **Les 17, 18, 19 mars à 22h30**. Pl. : 40-35 F. Chansons avec :
GERARD DAHAN

MARIGNY, Carré Marigny, 256-04-41. M° Champs-Elysées - Clemenceau. Soir. 21h (sf dim. et lundi). Mat. dim. 15h. Pl. : 40 F à 150 F. Loc. de 11h à 19h (21 jours). Conçu et mis en scène par Th. Le Luron. Textes et Th. Le Luron et B. Mabille, texte additionnel : P. Font, P. Val, J. Lacroix, G. Monréal, P. Deméron, J. Martin. Orchestre direct. J.-F. Juskowiak, Thierry LE LURON dans 30 années de politiques et de chansons. 90 imitations, 15 tableaux :
DE DE GAULLE A MITTERRAND

MOULIN ROUGE (Bal du), Place Blanche. M° Blanche. 606-00-19 (Voir « Cabarets »).

MUTUALITE, 24, rue Saint-Victor, rens. : 206-11-58. **Le 20 mars à 20h30**. Pl. : 80 et 100 F :
MATI CASPI
Vedette israélienne.

OLYMPIA, 28, bd des Capucines, 742-52-86, M° Opéra. Loc. de 11h à 22h. Dim. jusqu'à 19h, par tél. : 742-25-49 de 9h à 19h sauf dim. Pl. : 70 F (loc. par tél. + 15 F). Soir 21h (sauf lundi). **Le 16 mars** : Générale.
SERGE REGGIANI
Les 19, 29, 30 mars. Le 1ᵉʳ, 5, 6, 7, 8 avril à 14h30 : Matinée enfantine de Pâques avec PIT et RIK, MAYA L'ABEILLE, Dominique VAL et Davil MICHEL. Pl. : 55 F.
Le 21 mars à 21h : Jacques BERTIN.

PALAIS DES SPORTS, Porte de Versailles. Loc. t.l.j. de 12h30 à 19h et par tél. (sauf dimanche) au 828-40-90. Rens. 828-40-48. Les mar., jeu., ven., sam. à 21h, mer. à 15h, sam. et dim. à 14h15 et 17h30. Pl. : 65 à 130 F. Mat. except. le 4 avril à 15h. **Jusqu'au 8 mai** :
HOLIDAY ON ICE

32

PALAIS DES GLACES, 37, rue du Fg du Temple. 607-49-93. M° République. Soir 20h30 (sauf dim. et lun). Mat. dim. 17h. Pl. 40 à 80 F. Coll. 65 F. étud. 65-45 F. loc. 13h à 19h.
Les 16, 17, 18 mars à 20h30. Le 19 mars à 14h30 et 20h30, 20 mars à 14h30 et 17h30. Pl. 70 F réd. 50 F. Clown, mime, fou et rock. Showman complet :

FRIENDSROADSHOW

PARADIS LATIN, 28, rue du Cardinal-Lemoine. 325-28-28 (Voir « Cabarets »).

TH. DE PARIS (Petite salle), 15, rue Blanche, 280-09-30. M° Trinité. Pl. : 45-35 F. Loc. de 11h à 18h (sauf dim., lun.).
VOIX DE FEMMES
Jusqu'au 19 mars à 18h30 :
Dans une mise en scène de P. Pezin :
SILVIA MALAGUGINI
Du 22 au 31 mars à 18h30. Du mar. au samedi :
SUZANNE JACOB

AU PATACHON, 68, rue Lepic, 606-90-20. **Les 2 spectacles** : consommation facultative. Relâche dimanche.
A 22h30 (Pl. : 30 F) : Chansons françaises avec France FANEL, Eric LISTEL accompagnés par N. Poli et de nouveaux jeunes talents.
A 23h (Pl. : 30 F) : Veillées France FANEL, Jean ARNULF et d'autres.

PORTE DE PANTIN, sous chapiteau. Rens. : 245-88-83. Soir. 20h30, dim. 16h, relâche lundi. Pl. : 60 à 130 F. Loc. 3 FNAC, Olympia, RTL ou par tél. : 245-88-11. **Jusqu'au 2 avril** :
JULIEN CLERC

LA TANIERE, 45 bis, rue de la Glacière, 337-74-39. Pl. : 40-30 F.
Salle 1 : Les mer., jeu., ven., sam. à 20h45. **Jusqu'au 26 mars** :
BERNARD HAILLANT
Les mer., jeu., ven., sam. à 22h30. **Jusqu'au 19 mars** :
GERARD DELAHAYE

ELYSEE-MONTMARTRE
ÇA, C'EST PARIS
DIMANCHE MATINEE 15 H

Où souper après minuit ?

L'ALSACE AUX HALLES 16, r. Coquillière (1er). 236-74-24.
2 menus 55 F et 86 F s.c. Huîtres.

L'AMBIANCE 127, r. la Roquette. 379-52-71 Mo Voltaire. 48 F et 58 F snc
Paëlla - Spécialités de canard.

AUBERGE DE RIQUEWIHR 12, rue Fg-Montmartre.
770-62-39. Huîtres, soupes à l'oignon, soupers

ASSIETTE AU BŒUF T.l.j. formules 36,50 et 43,90 F s.n.c.
123, Champs-Elysées, Pl. St-Germain-des-Prés.

BAUMANN BALTARD 9, r. Coquillière 1er 236-22-00.
Ouv. t.l.j. tard la nuit, même le dimanche.

CHEZ BEBERT 33, r. Marbeuf - 359-57-22 (Champs-Elysées)
Le spécialiste du couscous.

BERKELEY 7, avenue Matignon - 225-47-79 (Rond-point des Champs-Elysées)
Brasserie - Tous les jours jusqu'à 2 heures.

BRASSERIE LORRAINE Place des Ternes Ouvert jusqu'à 2h
Banc d'huîtres et fruits de mer. CAR. 80-04

BRASSERIE MUNICHOISE I ind's Munchner Keller. F. dim.
5, rue Danielle-Casanova. 261-47-16. Sptés.

LA CAMBUSE 27, rue Froideveaux (14e). F. dim. Rés. 321-44-07.
19h à 2h, honnête, sympathique et de qualité.

LA CARAVELLE 4, rue Arsène-Houssaye. ELY. 14-35. Jour et nuit.
Diners, soupers de 70 à 100 F t.t.c.

LA CHAMPAGNE 10 bis, pl. Clichy 18e. 874-44-78. T.l.j.
La grande brasserie de la mer. Jusqu'à 3h mat.

CHARLOT Roi des Coquillages - Face au 12, place Clichy. Wepler
Tous produits de la mer. 874-49-64 et 65.

LA CHOPE D'ALSACE 4, carref. de l'Odéon 326-67-76. T.l.j.
Mardi le Baeckenoff. Ven. magret d'autruche.

LE CONVIVIAL RESTAURANT 7 jours/7 jusqu'à 2h matin
47, rue St-Georges, Paris 9e. - 285-84-22.

LE CONVIVIAL Pr diner chez soi TRAITEUR 7 jours/7 jusqu'à 2h matin
47, rue St-Georges, Paris 9e. - 285-84-22.

LA COUPOLE 102, boulevard Montparnasse. 320-14-20. Dancing au s.-sol
Service ininterrompu de midi à 2h du matin.

CREPERIE DES ARTS Ouvert t.l.j. ses crêpes réputées
27, r. St-André-des-Arts. 326-15-68. S. j. 0h30.

EL MARIACHI 62, rue Pierre-Charron. 563-40-88. F. dimanche. Clim.
Din., soup. Orch mexicains. Consom. Voiturier

L'EUROPEEN face gare de Lyon. 343-99-70. Choucroutes - Cuis. d'autrefois
Déj. d'affaires, diners, soupers. Banc d'huîtres.

FLO 7, cour des Petites-Ecuries, 10e. Brasserie 1900. Tlj jusqu'à 1h30 du matin.
Spécialités Alsaciennes. 770-13-59.

CHEZ FRANCIS 7, place de l'Alma. 720-86-83 - 723-39-53
Huîtres toute l'année, grillades feu de bois.

GARNIER Le restaurant de la mer 111, rue Saint-Lazare (8e).
Réservation : 387-50-40 - Banc d'huîtres.

GRATIN ST- GERMAIN Sptés gratins e soupe à l'oignon
27, r. St-André-des-Arts, 354-00-32. S. tlj 0h30

CHEZ HANSI 3, place du 18-Juin-1940. 548-96-42, jusqu'à 3h mat.
Calme et verdure. Exc. sptés alsaciennes.

JARDIN DU LOUVRE 2, pl. du Palais-Royal 261-16-00. Amb. de
rêve. Charme du cadre et fine cuisine.

CHEZ JENNY Place de la République 39, bd du Temple. 274-75-75
Entièrement rénové. Huîtres toute l'année.

JULIEN 16, rue Fg-Saint-Denis - 770-12-06. Cassoulet - Foie gras frais
Brasserie 1900. T.l.j. jusqu'à 1h30 du matin.

LA JUNGLE 64, r. J.-P.-Timbaud (11e). 357-10-59. Tous les soirs.
Carte de spécialités africaines et créoles.

LA CHOPE D'ALSACE 4, r. Fg-Montmartre 824-89-16 - T.l.j.
« Suggestion Chope » : 38,50 F snc - Salons

LE LOUIS XIV 8 bd Saint-Denis. F. mardi Tél. : 208-56-56 - 200-19-90
Fruits de mer, gibiers, rôtisserie. Park. assuré.

LA MENARA 8, bd de la Madeleine (9e). 742-06-92. T.l. soirs j. 2h mat.
Spéc. marocaines. Din.-spect. Cadre somptueux

LE MODULE 106, bd Montparnasse. 354-98-64. Jusqu'à 3h du mat.
Fruits de mer et grillades.

LA MURAILLE SACREE 34 bd B.-Nouvelle 770-31-65. 19h à
2h mat. Spéc. chinoises, Poissons langoustes.

MUNICHE 27, rue de Buci (6e). 633-62-09. T.l.j. de midi à 3h du matin.
Crustacés, poissons, confits.

AU PETIT RICHE 25, r. Le Peletier 9e. Jusq. 0h15. 770-86-50 et 68-68
Son étonnant Menu à 95 F service compris.

PETIT ZINC 25, rue de Buci (6e). 354-79-34 T.l.j. de midi à 3h du matin.
Huîtres, foie gras frais, vin de pays.

PIZZA PINO 33, Champs-Elysées. Tous les jours jusqu'à 5h du matin.
Toute la cuisine italienne.

Brief   The sales director has informed you that the French client Mme Jannel is interested in the ecology movement and he has requested that you research the subject for him so that if necessary he can discuss it, in an informed manner in French, over dinner.

TASK D   Read the literature you have received from *Les Amis de la Terre* and make brief notes in English. List any specialised French vocabulary that might help your sales director.

La Terre a besoin d'amis... Les Ami

L'écologie

L'écologie, c'est d'abord *un cri d'alerte*. Des scientifiques, qui étudient les relations des êtres vivants avec leur environnement, nous avertissent : la planète est menacée ; la civilisation industrielle met en danger la nature et la santé ; la production de nourriture suit mal l'augmentation de la population mondiale. Des espèces vivantes disparaissent à jamais. Des ressources irremplaçables sont gaspillées. L'effort de lutte contre les pollutions est trop faible. Les armes accumulées peuvent détruire plusieurs dizaines de fois toute la vie humaine sur Terre, mais l'on continue d'en fabriquer et d'en vendre tandis que la faim tue des millions de personnes chaque année.

L'écologie, c'est aussi *une volonté de vivre mieux*, moins de gaspillages, une utilisation plus rationnelle des ressources, un rythme d'existence plus calme, un cadre de vie accueillant, des communautés humaines chaleureuses et respectueuses des différences. Bien des Français souhaitent tout cela. Ils sont écologistes à leur façon.

L'écologie propose ainsi l'arrêt du pillage de notre petite planète et une autre manière de vivre :
• recherche d'un équilibre entre la liberté des hommes et la défense de la nature ;
• une économie qui ne soit plus animée par le productivisme et la croissance aveugle ;
• une gestion démocratique de la production, battant en brèche le despotisme des technocrates.

PAPIER RECUPERE ET RECYCLE

Produire, travailler et vivre autrement

L'économie est *une maison à deux étages*. Au rez-de-chaussée, c'est ce qu'on fait par soi-même. Le premier étage, c'est le marché, où l'on échange sa force de travail contre un revenu permettant d'acheter des biens produits par d'autres. Le second, c'est ce qui échappe au marché : multinationales, interventions des groupes de pression, projets de l'Etat... Les hommes politiques et les économistes parlent surtout du second étage ; ce qu'ils appellent la croissance, est largement fondée sur ce second étage et elle se fait souvent aux dépens du rez-de-chaussée : les pollutions et les accidents de voiture accroissent le Produit Intérieur Brut.

Afin d'éviter les processus polluants, dangereux ou à haut risque (nucléaire, pluies acides, dioxine, marées noires...), les modes de production et de consommation doivent être *sobres* en matières premières et en énergie. Priorité doit donc être donnée aux économies d'énergie, aux énergies renouvelables, à la réduction des déchets et à leur transformation en ressources (recyclage, compostage...).

Une industrie fondée sur ces bases doit être mise au service du secteur de production autonome, lieu du *pouvoir de vivre* et de l'autogestion.

De plus en plus de gens et de groupes choisissent et expérimentent un *mode de vie alternatif*, à la périphérie ou en marge du système économique actuel. Ils sont les alliés naturels des déshérités de l'économie mondiale, paysans du Tiers-Monde ou mineurs polonais. Les Amis de la Terre se font l'écho de leur existence et de leurs réalisations.

Le vrai but de l'économie n'est pas de créer des emplois, mais de *répondre à des besoins*. La création indéfinie d'emplois n'est ni souhaitable, ni possible. La productivité augmente, une

Your sales director will not require a word-for-word translation. He has asked you to summarise and extract relevant information. In this case you will probably want to make notes under the following headings:

Historical development   Issues of interest
Key figures in the movement   Aims of the movement
Organisation in France   Political involvement

For the list of specialised vocabulary you will want to include expressions such as *déchets nucléaires, défense des baleines et des phoques.*

de la Terre ont besoin de vous !

saturation de certains besoins apparaît, les ressources doivent être économisées. Il faut donc *partager l'emploi et le travail.* Les Amis de la Terre proposent l'extension du temps choisi, des horaires à la carte, du temps partiel, une prime aux volontaires pour le travail à temps réduit et la levée des blocages qui s'opposent à ces mesures, cela sans augmenter les charges des entreprises et sans léser les plus démunis.

Plus de temps libre pour chacun signifie le développement du « rez-de-chaussée » et des modes de vie alternatifs. Vivre mieux ne veut pas dire acheter plus. De plus en plus de Français comprennent qu'une stagnation ou une baisse du pouvoir d'achat est acceptable si elle s'accompagne d'un développement du pouvoir de vivre.

défense des baleines et des phoques ; construction d'une éolienne sur le Larzac ; pétition nationale pour une autre politique de l'énergie ; plans alternatifs régionaux pour l'énergie et l'emploi ; développement de la récupération et du recyclage ; études et mises en garde sur l'informatisation de la société.

Agir
avec les Amis de la Terre

Les Amis de la Terre agissent pour :
• la préservation, la restauration et l'utilisation rationnelle de l'écosphère ;
• d'autres façons de produire et de travailler, développant le « pouvoir de vivre » ;
• la naissance d'une troisième génération de libertés.

Ils ont donc la volonté d'exercer des responsabilités dans l'orientation de la société.

Ce choix suppose un investissement de longue durée, donc réalisme, ouverture, rigueur et ténacité. Il demande un renforcement des Amis de la Terre et leur présence constante sur le terrain des *luttes associatives,* en vue de la protection de la nature et de l'environnement, des nouveaux modes de vie et de travail et du contre-pouvoir civique.

A une attitude doctrinaire, ils préfèrent une démarche empirique, appuyée sur les meilleurs éléments des pensées libérale et libertaire, éclairée par les données de l'écologie scientifique et par les acquis du mouvement écologiste.

Ils veulent développer leur crédibilité et la compétence de leurs militants.

Les Amis de la Terre sont agréés par le Ministère de l'Environnement au titre de la Loi sur la Protection de la Nature. Ils sont représentés au Haut Comité de l'Environnement et à la Commission Nationale de Planification qui prépare le IXème Plan.

Qui sont
les Amis de la Terre ?

Fondée en 1970, l'association « Les Amis de la Terre » fait partie d'un *Réseau International* présent dans une trentaine de pays. Il tient des réunions annuelles, qui décident de campagnes communes (exemples de thèmes : pluies acides, pesticides, forêts tropicales, déchets nucléaires).

En France, les Amis de la Terre forment un *réseau* de plus de 120 groupes locaux autonomes et libres de leurs orientations, pourvu qu'elles soient compatibles avec le « Texte de Base » du Réseau.

A leur actif, beaucoup d'*actions sur le terrain :* protection des sites et des animaux ; luttes contre les pollueurs (nucléaire, Péchiney, amiante, marées noires, défoliants...), les avions supersoniques, les autoroutes, les canaux à grand gabarit, l'enrésinement des forêts et les essais nucléaires ;

10 Sur la bonne voie

ASSIGNMENT

Objectives
- understanding publicity material
- compiling an information sheet
- understanding a public announcement (on a train)
- relaying information in English
- giving an interview in French

Role   Secretary, High Peak and West Derbyshire Railway Society.

Brief   You have organised a weekend in France for club members involving a journey from Paris to Dijon on the *T.G.V.* (*train à grande vitesse*). You have received some documentation from the *S.N.C.F. Service de l'information et des relations publiques*.

TASK A   Prepare an information sheet for participants on the trip showing the special features of the *T.G.V.*

Technique   When presented with a lengthy text in French try not to be overwhelmed by it. You will not need to understand or even read every word. The following hints will help you to deal with such texts. Skim through the passage to obtain a rough idea of content. The subheadings will help you. Do you need all the information? Does the introduction contain relevant information? Are some points repeated? Remember you do not need to use complete sentences. A list or a table may be appropriate.

You could start your information sheet as follows:

1. Booking system: All seats reserved prior to departure.
2. Cost: Broadly comparable to normal services.
Your list will probably contain between eight and ten points.

Le TGV Paris-Sud-Est

Le 26 février 1981, une rame du Train à Grande Vitesse (TGV), en circulant à 380 km/h sur l'une des sections déjà achevées de la Ligne nouvelle Paris—Sud-Est, a permis à la SNCF de battre le record mondial qu'elle détenait depuis 26 ans. En mars 1955, en effet, les deux locomotives BB 9004 et CC 7107, remorquant une rame d'essai de trois voitures, avaient atteint 331 km/h.

Cette prouesse technique, remarquable pour l'époque, a ouvert la voie à de nouvelles recherches qui ont donné au rail la possibilité de consolider, au fil des ans, ses positions sur le marché des transports de voyageurs. Elle ne put, toutefois, recevoir d'application commerciale immédiate puisque ce n'est qu'en 1967 qu'un train rapide Paris—Toulouse—«Le Capitole»—devait circuler chaque jour à 200 km/h sur une voie classique. Quatre ans plus tard, l'«Aquitaine» et l'«Étendard», puis, tout récemment, un train Corail (1re et 2e classes), le «Montaigne», accédèrent eux aussi à cette vitesse. La portée du record du 26 février 1981 est infiniment plus étendue: c'est, en effet, la réussite d'un système complet, qui allie harmonieusement le matériel roulant, la voie et les installations de traction électrique, préfigurant ainsi une exploitation ferroviaire à

grande vitesse dont les débuts sont maintenant imminents. En circulant à 380 km/h, la rame n° 16 du TGV—identique en tous points aux engins de série—manifeste avec éclat l'aptitude du chemin de fer à transporter dès l'automne prochain, avec une absolue sécurité et dans d'excellentes conditions de confort, les millions de voyageurs qui, chaque année, sauront, en empruntant la Ligne nouvelle, faire confiance à l'une des plus belles réalisations de l'industrie française.

L'axe Paris-Lyon-Méditerranée constitue l'une des artères essentielles du réseau ferroviaire national où le trafic, qui intéresse près de 40% de la population française, a progressé beaucoup plus rapidement que sur les autres lignes de la SNCF.

Or, sur de longues sections de son parcours, la ligne actuelle Paris-Dijon ne comporte que deux voies, alors que quatre seraient nécessaires.

Ces sections constituent de véritables goulets d'étranglement, qui entraînent, dès que l'on dépasse 260 trains par jour, une saturation très préjudiciable à l'exploitation.

Au surplus, la circulation simultanée sur une même voie de convois de voyageurs et de marchandises entraîne un ralentissement du trafic et accroît l'irrégularité de son écoulement.

Une solution restait donc à trouver, et c'est ainsi qu'est apparue la nécessité:

• de créer une ligne nouvelle exclusivement réservée au transport des voyageurs;

• de concevoir un matériel roulant très moderne, le train à grande vitesse.

Pour procurer au projet une rentabilité optimale et offrir à la collectivité le meilleur service, il s'est en outre avéré nécessaire:

• d'intégrer pleinement la ligne nouvelle au réseau existant, afin de permettre aux rames du train à grande vitesse de continuer leur parcours, sur les infrastructures actuelles, vers les principales villes du Sud-Est de la France, dont la desserte est ainsi rénovée sans que soient requis de coûteux investissements supplémentaires;

• d'ouvrir sans exclusive le TGV à toute la clientèle ferroviaire—de seconde·comme de première classes—afin de garantir une véritable «démocratisation de la vitesse».

• Une ligne exclusivement réservée au transport des voyageurs

Voie ferrée classique à écartement normal, la ligne nouvelle se séparera de l'actuelle artère Paris-Lyon à Combs-la-Ville, dans la banlieue parisienne, pour rejoindre les infrastructures existantes à Sathonay, dans la proche périphérie lyonnaise.

Son tracé, d'une longueur de 390 km, raccourcira le trajet de Paris à Dijon de 29 km, et celui de Paris à Lyon de 90 km.

Directement greffée sur le réseau existant, elle permettra aux rames TGV qui l'emprunteront de desservir le cœur des villes et de poursuivre leur parcours au-delà de Dijon, de Mâcon et de Lyon en conservant l'entier bénéfice du gain de temps acquis sur l'infrastructure à grande vitesse.

Le TGV, qui mettra la grande vitesse à la portée de tous, ne constituera pas le mode de transport d'une minorité privilégiée: tous les voyageurs, de seconde comme de première classe, y auront accès à des conditions de prix très voisines de celles de la ligne actuelle;

toutefois, l'utilisation des convois les plus fréquentés, circulant aux heures de pointe ou lors des jours de fort trafic, sera surbordonnée au paiement d'un supplément analogue, dans son principe, à celui qui est déjà, à l'heure actuelle, exigé pour certains trains particulièrement chargés. C'est la première fois dans l'histoire des transports qu'une technique avancée sera ainsi, dès son origine, mise à la disposition du plus grand nombre.

Aussi la SNCF attend-elle de la mise en service de la ligne nouvelle une considérable expansion de son trafic Paris-Lyon: elle prévoit de transporter sur cet axe, en 1985, près de 22 millions de passagers, au lieu de 5,5 en 1955 et 12,6 en 1975.

Evolution du trafic sur Paris-Lyon

Millions de voyageurs par an			
1955	1965	1975	1985 (Prévisions)
5,5	9,5	12,6	22

• Des prestations spécifiques

Afin d'assurer à tous les usagers du TGV le bénéfice d'une place assise, l'accès des rames sera subordonné à une réservation obligatoire, et les voyageurs debout ne seront pas admis.

Les places pourront être réservées soit, comme actuellement, dans les deux mois précédant le voyage, soit, dans chaque gare d'arrêt, le jour même et jusqu'aux dernières minutes avant le départ du train.

Une fois à bord, le voyageur jouira d'un grand confort dans les deux classes grâce à la qualité de l'insonorisation et à la climatisation. Un bar sera à la disposition des passagers qui pourront, en outre, bénéficier d'un service de restauration à la place.

• Économie de temps

Du fait de la vitesse du TGV sur la ligne nouvelle—260 km/h—la durée des trajets sera considérablement réduite. Les économies de temps seront réalisées en deux phases:

• dès la mise en service de la partie sud de la

ligne nouvelle, en octobre 1981, le trajet Paris-Lyon sera couvert en 2 h 40, au lieu de 3 h 48 par les meilleurs tains empruntant présentement la voie actuelle;

• en octobre 1983—date d'achèvement complet de la ligne—les gains de temps seront plus considérables encore: Paris ne sera plus alors qu'à 1 h 40 de Dijon, 2 h de Lyon et 4 h 50 de Marseille.

• Économie d'énergie

L'utilisation de la ligne nouvelle par de nombreux voyageurs qui empruntaient jusqu'alors d'autres modes de transport plus coûteux en énergie procurera en ce domaine une économie sensible.

La consommation d'énergie du TGV au «siège-kilomètre» est, en effet, peu supérieure à celle des trains classiques.

Ainsi, chaque voyageur ne consommera, pour le trajet Paris-Lyon, que l'équivalent de 9 litres de super-carburant. Au surplus, grâce à la traction électrique, le TGV fera très largement appel à des sources d'énergie nationales, qu'elles soient d'origine hydraulique ou nucléaire.

• Limitation du bruit

Le faible niveau de bruit intérieur est l'un des éléments de confort du TGV; les bogies sont situés entre les voitures; de plus les soufflets, générateurs de bruits et de courants d'air, ont fait place à des anneaux d'intercirculation qui suppriment totalement ces inconvénients.

Grâce à leur aérodynamisme et à leur qualité de roulement, les rames circulant à leur vitesse maximale demeurent plus discrètes pour l'extérieur qu'un train classique roulant à 160 km/h.

Au surplus, des précautions ont été prises pour que le tracé évite systématiquement le voisinage des zones habitées. Traversant les régions rurales de la Brie, du Morvan, du Charolais et de la Bresse, la ligne sera, dans la plupart des cas, implantée à plus de 200 mètres des agglomérations.

Peu bruyant, le TGV, qui utilise la traction électrique, n'engendrera également aucune pollution atmosphérique.

▣ Brief On your journey from Paris to Dijon you listen to the commentary.

TASK B Tell the members of your group what is being said.

Technique Just as in a written text you will not need to understand every word. It is important to be prepared for the kind of information you are likely to hear. Think before listening to the commentary, e.g. you are probably going to be told about facilities, the speed of the train, the towns you are passing.

Brief   When you arrive in Dijon, you are met by a reporter and asked to give an interview for a regional news item on a television programme.

TASK C   Give an interview on behalf of your society.

Technique   You may never be interviewed by a reporter but you will be questioned about your background and opinions in many situations. Listen for the key question words and try to understand the gist of what is being asked you. Where possible use the structure of the question to start off your answer which need not be a full sentence. If you do get out of your depth remember even a fluent speaker may require clarification, e.g. *Qu'est-ce que vous voulez dire exactement?*

As this is a formal interview in a television studio you would have been given an idea of the kind of question you were going to be asked during the broadcast. Use these questions to prepare your answers.

— *D'où venez-vous?*
— *Pourquoi êtes-vous venu en France?*
— *Qu'est-ce que vous avez pensé du T.G.V.?*
— *Est-ce que vous avez quelque chose de comparable en Angleterre?*
— *A votre avis quels sont les grands avantages du T.G.V.?*
— *Qu'est-ce que vous allez faire pendant le reste de votre séjour?*

Although these are the principal questions you will be asked, your replies may, of course, lead to supplementary questions.

A la découverte de Montpoupon

ASSIGNMENT 11

Objectives
- understanding an informal commentary (by a coach driver)
- annotating a map in French
- understanding a formal commentary (by a tour guide)
- relaying information in English
- retranslation from French

Role Publicity Manager, Kendal Travel Ltd, Burnley.

Brief The *Chambre de commerce* in Tours has invited a group of foreign travel agents to the Loire Valley with a view to increasing tourism in the area. Your company intends to offer a tour to this region next year and you have been asked to draft a brochure of places of interest. Your programme includes a visit to Montpoupon. On the journey there the coach driver gives you some details about the area.

⊡ TASK A   Take notes about what the driver says for the purposes of annotating a map and providing copy for your draft brochure.

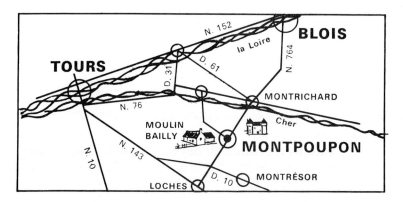

Technique   As you are going to be listening and writing at the same time, in order to make the task easier familiarise yourself first with the information you have, i.e. the map. Pay particular attention to place names so you will recognise them when you hear them. Some place names may not be on your map, but try to write down the most likely spelling. The precise spelling is not important as you can check this later.

You will hear more information than you can use. Make notes of the key words only, e.g.

Blois – près de rivière – 2 restaurants

and don't concentrate so hard on difficult words or phrases that you lose the meaning of what is said afterwards. Remember, a later point will often help you to understand something which you have heard before.

⊡ TASK B   At Montpoupon, listen to the guide and help your American colleague to understand what is being said.

Technique   In these circumstances you are not required to give a word-for-word translation or even paraphrase as this is clearly not practical. You will need to select items of information such as interesting facts or amusing anecdotes.

If there is something you can't understand there is no need for you to translate it as this is after all an informal situation. You will in any case be limited by the nature of the occasion and the amount of time available as you can only make use of natural pauses in the guide's commentary to pass on your explanations.

Brief   During the tour, you are handed this leaflet. You decide it could be included in your draft brochure but you are not happy with the wording of the English because it does not read well.

TASK C   Retranslate the French text.

Technique   When an accurate translation of a text is required you must make sure you understand every word. Trying to reword the existing translation in this case might lead to further confusion, so use the dictionary carefully. Beware of *faux amis* and too literal a translation, e.g. 'the history of which will be told to you'. The final version should read as a natural piece of English and not a clumsy sequence of sentences.

MONTPOUPON

Vous allez pénétrer dans l'enceinte de Montpoupon, admirer le site et le charme des bâtiments. L'histoire vous en sera contée.

Forteresse du Moyen-Age, manoir de la Renaissance des Seigneurs de Prie, fief de la Duchesse de la Motte Houdancourt, domaine rural des derniers siècles, c'est l'histoire d'une demeure et d'une terre illustrée par maints objets exposés dans la poterne et la chapelle : évocation de la Touraine en son siècle de gloire comme en sa vie agricole inlassablement restaurée.

Histoire très vivante qui se poursuit; demeure de « Gentils-hommes chasseurs », vous y apprendrez la vie des animaux, l'art de la Vénerie, les exploits des chiens et les fanfares. Demeure habitée, vous y trouverez des souvenirs, familiers peut-être, vous y découvrirez les rites de toute une tradition tourangelle.

You are going to enter the walls of Montpoupon, to admire the site and charm of the buildings, the history of which will be told to you.

Fortress in the Middle-Age, manor of the Seigneurs de Prie during the Renaissance, fief of the duchess de la Motte Houdan-court, rural estate in the past centuries, it is the history of a residence and a land illustrated by numerous objects displayed in the postern and the chapel: evocation of the Touraine during its century of glory as well as its agricultural life always restored.

It is a very lively history which continues; "Residence of Gentlemen hunters", you will learn, there, the life of animals, the art of the Venery, the exploits of packs and fanfares. Still occupied nowadays, you will find remembrances — may be familiar —, you will discover the rites of the real tradition of Touraine.

Le géant roule fourré arrive

Objectives
- understanding a telex
- understanding a letter concerning export arrangements
- writing a telex
- translating product information (labels)
- translating an order form

Role Patrick Scott, Sales Director of Hazell Cakes plc, Oldham.

Brief Your firm exports a variety of cakes to France through their agent Siepac in Lille. You have recently been negotiating with M. Maroussem of Etablissements Casino. Prior to meeting your agent regarding this customer you receive this telex.

TASK A Read the telex and make notes of the points which need to be raised with your boss, e.g. delivery dates, discounts, rates of exchange.

668738 HAZELL G
SIEPAC 132473F

A L'ATTENTION DE MONSIEUR PATRICK SCOTT

NOUS VOUS ACCUSONS RECEPTION DE VOTRE TELEX DE CE JOUR. IL EST
BIEN EVIDENT QUE NOUS ALLONS FAIRE LE MAXIMUM DE CONCESSIONS DANS
LE BUT DE CONSERVER ETS CASINO COMME CLIENT. NOUS VOUS COMMUNIQUERONS
LORS DE NOTRE ENTRETIEN A 12 30 AU CAFE RUE PAUL CEZANNE A PARIS
VENDREDI AVANT LA VISITE QUE NOUS RENDRONS A MONSIEUR MAROUSSEM
L'OFFRE SUIVANTE QUI REPREND LES TERMES DE NOTRE TELEX DU 11 JANVIER.

ACTUELLEMENT, IL Y A UN PRODUIT REFERENCE:

- LE JUNIOR SWISS ROLL

ET UN PRODUIT REFERENCE:

- LE JUNIOR CHOCOLAT

COMME NOUS VOUS L'EXPLIQUIONS DANS NOTRE PRECEDENT TELEX UNE REMISE
DE 15% PEUT ETRE ACCORDEE SUR LE JUNIOR SWISS ROLL ET LE JUNIOR
CHOCOLAT, CAR,: COMME VOUS L'INDIQUEZ IL Y A UNE DECOTE IMPORTANTE
DE LA LIVRE ET NOUS POUVONS FAIRE UN EFFORT SUR CES DEUX REFERENCES.

IL Y A EGALEMENT LES FRAIS DE DOUANE, LES FRAIS D'ETIQUETAGE
(ETIQUETTES SPECIALES A APPOSER SUR CHACUN DES PRODUITS), LES
FRAIS DE RETOUR, LES MAGASINS EXIGEANT DES LIVRAISONS CHAQUE
SEMAINE A JOUR FIXE, ET NE POUVANT ETRE NI RECULEES NI AVANCEES.

IL Y A UN PROBLEME QUI EST TRES IMPORTANT. LORS DE LA PREMIERE VISITE
QUE MONSIEUR MAROUSSEM VOUS A RENDUE IL Y A EU UNE ERREUR
D'INTERPRETATION (PEUT-ETRE EST-CE DU A LA TRADUCTION DE LA LANGUE).
VOUS LUI AVEZ INDIQUE QUE NOUS ETIONS LIVRES SEULEMENT UNE OU DEUX
FOIS PAR MOIS. IL FAUT MAINTENIR LA POSITION QUE VOUS NOUS LIVREZ
TOUTES LES SEMAINES, CAR IL N'Y A PAS EU DE PROBLEME DE CONSERVATION
DES PRODUITS SAUF ACCIDENT EXCEPTIONNEL AU COURS DE CES QUINZE
DERNIERES ANNEES.

NOUS METTRONS AU POINT UN SYSTEME QUI PERMETTE DE DONNER SATISFACTION
A NOTRE CLIENT.

NOUS VOUS TRANSMETTONS TOUS CES ELEMENTS DE TELLE FACON QUE TOUT
SOIT PRET POUR CETTE RENCONTRE DE VENDREDI.

SINCERES SALUTATIONS

G. VERHOYE
SIEPAC 123473F
668738 HAZELL G

S. I. E. P. A. C.

ZONE INDUSTRIELLE
Rue du Vert Bois B.P. 31
59960 NEUVILLE EN FERRAIN
Tél: 94.62.33
Telex: SIEPAC 120473

Société Anonyme
Capital 200.000 Frs
R.C. Tourcoing 74 B 61
SIRENE: 476481106 00013 6007
C.C.P. Lille 2329-43
Banque Scalbert – Lille

HAZELL CAKES plc
OLDHAM
LANCASHIRE
ENGLAND

V/Réf
N/Réf   GV/AMB

Le 30 janvier

A L'attention de Monsieur Patrick SCOTT :

Monsieur,

Ce jour même, nous venons d'avoir un entretien téléphonique avec

Monsieur MAROUSSEM Acheteur des Ets CASINO à Saint Etienne.

La tradition dans cette société veut que préalablement à tout
rendez-vous des échantillons leur soient envoyés.

Ayez l'obligeance de nous avertir de la date d'expédition des
échantillons de telle sorte que nous puissions reprendre contact
avec lui pour, éventuellement arrêter un rendez-vous lors de votre
venue.

Nous vous en remercions par avance.

Nous vous prions de croire, Monsieur, a l'assurance de nos
sentiments distingués.

G. VERHOYE

REPRESENTATION   IMPORTATION   EXPORTATION

PRODUITS ALIMENTAIRES ET CONFISERIES

Brief   You have already suggested introducing some new lines to your agent with a view to including them in future export deals. Two days prior to your departure to Paris for your meeting with Siepac you receive a letter (see opposite).

TASK B   Telex your agent informing him that you will bring the appropriate samples to the meeting.

TASK C   Having chosen your new lines translate the English labels.

Imported from England
Net Weight: 340 g

DATE AND WALNUT CAKE

Ingredients: Dates (18%), Sugar, Cornflour, Egg, Walnut (6%), Animal fats, Butter, Soya flour, Skimmed milk, Raising agent (E422), Emulsifier (E471), Colouring (E150), Salt, Artificial flavouring.
MADE BY HAZELL CAKES PLC, OLDHAM, ENGLAND.

SWISS ROLL

Black Cherry and Vanilla

HAZELL CAKES Net weight: 350 g
Ingredients: Sugar, flour, eggs, emulsifier EL71, Skimmed milk, soya flour, salt, raising agent.

FILLING: Black cherry jam, vegetable fat, vanilla, artificial flavouring.

Technique   When a large company is repeatedly translating similar documents there will probably be a translator's manual of frequently used terms or examples of similar material which has already been translated. To maintain consistency you should make full use of these. In this case use the cake labels which are already on the firm's products selling in France.

CAKE AU FRUIT
SULTANA CHERRY

IMPORTE de GRANDE-BRETAGNE
POIDS NET 340g
COMPOSITION: **HAZELL CAKES**

Raisins de Smyrne (22.6%), Farine, Sucre, Cerises (7.5%) (colorant E127), Matiere Graisse Vegetale, Farine de Soya, Lait en Poudre, levure Chimique, Sel, Essence de Vanille, Huile de Citron, Huile d'Amandes, Colorants E102 et E124.

Junior Rolls

IMPORTE D'ANGLETERRE
MINI ROULES FOURRES **POIDS NET 145 g**
FABRICATION BRITTANIQUE PAR HAZELL CAKES · OLDHAM

COMPOSITION. MASSE: SUCRE, FARINE DE BLE, OEUFS, POUDRE DE CACAO, GLUCOSE, LACTOSERUM EN POUDRE, FARINE DE SOYA, POUDRE A LEVER, CARAMEL E.150, EMULSIFIANT E471, AROME ARTIFICIEL VANILLINE.

FOURRAGE: BEURRE, SUCROSE, GLUCOSE, OEUFS.

Brief Two weeks after your return from Paris you receive this order from your agent on behalf of Etablissements Casino.

```
         SIEPAC 132473F
         668738 HAZELL G


         BONJOUR ICI SIEPAC A NEUVILLE EN FERRAIN
         LE MARDI 19.2

         TELEX A L'ATTENTION DE MR PATRICK SCOTT

         VOICI NOTRE COMMANDE
         2150 CARTONS JUNIOR SWISS ROLLS FRAMBOISE SIEPAC
         300  CARTONS DE JAM ROLLS FRAMBOISE SIEPAC
         80   CARTONS DE JUNIOR SWISS ROLLS CHOCOLAT
         700  CARTONS DE ROULES MYRTILLES 350 GRS
         200  CARTONS DE ROULES FRAMBOISES 350 GRS
         20   CARTONS DE ROULES CITRON  350 GRS
         150  CARTONS DE ROULES FRAISES 350 GRS
         250  CARTONS DE ROULES PATE CHOCOLAT VANILLE ET CONFITURE
              DE CERISES NOIRES 350 GRS
         150  CARTONS DE ROULES CASSIS  350 GRS
         200  CARTONS DE JAM ROLLS FRAMBOISE ARMELLE
         500  CARTONS DE JUNIOR SWISS ROLLS FRAMBOISE ARMELLE


         SOIT 4,800 CARTONS
         MERCI DE VOS BONS SOINS
         ANNIE BARATTO

         668738 HAZELL G
         SIEPAC 132473F
```

TASK D For the benefit of your sales staff translate the order.

Technique A full translation is unnecessary in this instance. You would not, for example, want to translate *carton* or *roules* every time. It is quite adequate to write on the order form the English translation of the products.

13 Un comité d'entreprise entreprenant

Objectives
- understanding and summarising a circular
- writing a letter giving information
- preparing and translating information for a French contact
- answering queries in French on the telephone

Role   Secretary of Social Club at Shaws of Darwen, Ltd, Waterside, Darwen, Lancs., BB3 3NX, a firm manufacturing ceramic tiles.

Brief   You are given a circular, which your firm has received from a *comité d'entreprise* in France (see next page).

TASK A   Write a notice for the Social Club noticeboard giving the details from the circular and asking the members to sign up if they are interested in forming a link with the French firm.

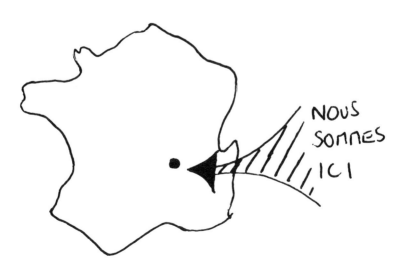

Etablissements Jean Rostand
BP-24 Fonsala
42406 Saint-Chamond
FRANCE

Nous recherchons une entreprise britannique prête à établir des échanges avec notre comité d'entreprise.

Nous sommes ici

Entre Lyon et St Etienne

Nous avons environ 900 employés qui fabriquent des carreaux en céramique.

MASSIF DU PILAT

SAINT CHAMOND

Ne voudriez-vous pas que, pour commencer, nous nous écrivions quitte à ce que plus tard nous nous rencontrions?

Nous pensons que ce serait une idée formidable et vous, qu'en pensez-vous?

Si cette idée vous plaît autant qu'à nous, contactez

Monsieur Claude Garet

Secrétaire du Comité d'entreprise

Amicalement

Claude Garet

TASK B

Write a letter to the French firm expressing your interest and explaining who you are. Enclose some information about Darwen. For this you use the information from the town guide.

DARWEN

Situated in the industrial heart of Lancashire, within easy reach of seaports and airports, Darwen is a town which has largely developed since the time of the Industrial Revolution on its basic industries of cotton spinning and weaving, coal mining and the manufacture of paper.

Although mining has lapsed and the cotton trade has shrunk considerably, wallpaper manufacture with a worldwide distribution, it still an important part of Darwen's industrial scene.

The introduction of other traditional and contemporary industries, such as engineering and the manufacture of paint and plastics, has now provided a far wider field of employment, resulting in much less dependence than in earlier days upon the trade fluctuations which have always been associated with the cotton industry.

In addition to the splendid amenity of the moorlands which rise within the Borough boundaries to over 1,300 feet above sea-level, this town has a considerable acreage of public open spaces, including the parks of Whitehall and Bold Venture and the beautiful woods of Sunnyhurst, also playing fields, well equipped sports grounds and a golf course.

Much has been done by the Corporation in more recent years to improve the Borough services and amenities. Many of the older town centre shops have been demolished and replaced by modern structures. Modern residential estates have been developed, and a progressive scheme is being undertaken to replace all sub-standard dwellings in congested parts of the town by spaciously planned redevelopments. The Borough possesses a fine public library, baths, health centre and excellent schools, many of which have been built in the last 5 years. Sports clubs, cultural societies and numerous other local organisations offer a wide choice of leisure interests.

This highly industrialised town has a long tradition of which it can well be proud. Its people have adjusted themselves and their skill to the industrial changes which have taken place here, and it would seem that the future industrial life of Darwen and the well-being of its townspeople are well assured.

Technique You are not obliged to translate every word of the guide and you should refashion the information to avoid major problems in translation. Your aim should be to write simple but accurate French. Look at the way the first two paragraphs of the guide could be translated.

Darwen is an industrial town in Lancashire. Its main industries used to be cotton, coal and paper. Now the manufacture of wallpaper is its only important industry.

Darwen est une ville industrielle du Lancashire. Ses industries principales étaient le coton, le charbon et le papier. Maintenant la fabrication du papier-peint est la seule industrie importante.

Brief   The secretary of the *comité d'entreprise* at Jean Rostand telephones after receiving your information.

TASK C   Answer the secretary's queries using the information you received from your workmates in reply to your notice.

Technique   This is the kind of information you would have received in reply to your notice.

---

25 people interested in exchange

15 people will write (list of names and addresses)

10 would like to visit with families + will offer hospitality in return

Dates to be fixed.

These are the kinds of question you will be asked:
- *Combien de personnes sont intéressées à nous écrire?*
- *Est-ce que vous allez m'envoyer leur nom et leur adresse?*
- *Eventuellement est-ce que certaines d'entre elles seraient intéressées à nous rendre visite?*
- *A quelle époque de l'année viendraient-elles?*
- *Est-ce qu'elles préféreraient rester à l'hôtel ou en famille?*
- *Est-ce qu'il y aurait des familles qui seraient prêtes à nous recevoir?*

14 Gosses à la mode

Objectives
- understanding a formal commentary (at a fashion show)
- writing copy for inclusion in an English catalogue
- making a telephone call (in English)
- filling in an order form in French

Role   Buyer for 'Kool Kids', 13 Leathwaite Road, London SW11.

Brief   You have been sent to the children's fashion exhibition at the *Parc des Expositions de la Ville de Paris, Porte de Versailles.* Your boss has marked with a tick the lines which interest her on the programme for the fashion show.

TASK A   Listen to the fashion show commentary and note prices and details for the lines your boss has ticked on the programme.

Technique   Before listening to the commentary study the programme carefully to thoroughly familiarise yourself with your boss's requirements. You might wish to practise saying the references in French so that you recognise them immediately. You will be listening for details such as colours and fabrics. You should write these down in French as you hear them as you will not have time to translate. A more formal organisation of your notes would probably only take place once you had left the exhibition.

EXPOSITION DES MODES POUR ENFANTS

Secrétaire général: M. Pierre MANGERET

Fondée en 1861

Administration: 11 rue Anatole de la Forge, 75017 – Paris

Tél: 380.73.41

Vêtements pour garçons jusqu'à 8 ans
Vêtements pour filles jusqu'à 12 ans

Vêtements de bébés (Layettes) – Bonneterie – Trousseau – Décorations de chambre d'enfant – Mannequins et accessoires pour étalages – Publications (éditions, livres, revues et magazines de modes pour enfants) – et tout produit et service qui peuvent contribuer au bien-être de l'enfant ou à son élégance.

Combinables

Réf. 78.22
Vest saharienne bicolore
Réf 78.13
Salopette longue

Réf. 78.04
Liquette bicolore
Réf. 78.10
Salopette courte

Réf. 78.00
Chemisette imprimée
Réf 78.18
Robe corselet

Surface totale:	16 632
Surface nette consacrée aux stands:	
	7 496
Exposants français:	203
Exposants étrangers:	49
Visiteurs français:	10 619
Visiteurs étrangers:	6 121

Fréquence: Bi-annuelle

Epoque: février (1ère quinzaine)
septembre (1ère quinzaine)

Lieu: Parc des Expositions de la Ville de Paris, Porte de Versailles.

Autres Fonctions: Congrès des groupes de diffusion pour les modes d'enfants.

TOUT POUR BÉBÉ QUI COMMENÇE A MARCHER

R "Babybotte"   **S** Mi-bottes "Harold"   **T** Bottes "Harold"

LA MODE ECOLIÈRE

TASK B Using your notes, write a short paragraph for inclusion in a catalogue about each of the lines in which your boss is interested.

TASK C Phone your boss and give her the details.

Brief Following your phone conversation you receive the following telex.

```
230638 KOOLKIDS


KOOLKIDS PARIS PARC DES EXPOSITIONS
PLEASE ORDER FOLLOWING QUANTITIES FOR DELIVERY IN SIX WEEKS

500 X REF. 78.22 ALL SIZES
500 X REF. 78.00 FOR 2 YEAR OLDS
500 X BOOTS REF. S FIRST SIZES ONLY
1000 X REF. F BOTH COLOURS
700 X REF. H WINE ONLY.

PAYMENT BY BANKER'S ORDER.

230638 KOOLKIDS ENGLAND
```


TASK D Complete the order form.

GOSSES A LA MODE

48 place Jean-Jaurès
Romans
Tel: 02 30 53

BON de COMMANDE : _____ No. 513 _____

Remise   : _____

Règlement   : _____

Livraison   : _____

Destinataire

_____

Réf.	Désignation	Unité	Quant.	Prix unitaire

Signature:

Les jeunes à Bruxelles bossent pour les chômeurs

Objectives
- understanding and summarising an information leaflet (about a youth organisation)
- extracting information from a self-help leaflet
- writing a letter replying to queries in French

Role   Student on short-term study visit in Brussels.

Brief   At a music concert you meet a Belgian student who works part-time for the *C.J.E.F. (Conseil de la Jeunesse d'Expression Française)*. He talks to you about the organisation as you are interested in joining it. You decide to offer your services voluntarily and he gives you a leaflet which will help you to understand some of the issues with which the organisation is concerned.

TASK A   Read the leaflet and talk about the organisation and its aims with another person.

LE CONSEIL DE LA JEUNESSE ET...VOUS!

Qu'est-ce que le Conseil?

C'est un organisme dont la mission est double:
- faire participer les jeunes aux décisions qui les concernent;
- donner, d'initiative ou sur demande, son avis au gouvernement et aux Ministres responsables sur tous les problèms qui touchent à la vie des jeunes.

Qui y siège?

Le délégués des organisations qui ont décidé de participer aux travaux du Conseil. Il sont au nombre de 180 (membres effectifs et suppléants).

Quelles sont ces organisations?

Il s'agit de mouvements de jeunesse, de services et de groupements spécialisés de jeunes ainsi que d'organismes de coordination, de toutes opinions politiques, philosophiques ou religieuses. Le pluralisme y est donc assuré.

Comment fonctionne le Conseil?

Les organes sont au nombre de quatre:
- **l'assemblée plénière** qui regroupe tous les délégués et qui décide des grandes orientations et actions du Conseil.
- **le bureau** de 15 membres qui met en œuvre les décisions de l'assemblée plénière
- **les commissions et groupes de travail** qui préparent, réalisent et suivent les «matières» assorties d'actions – choisies par l'Assemblée plénière.
- **le secrétariat** qui assure l'intendance technique du Conseil. Il est attaché à l'administration de la Communauté française.

Comment agit-il?

En se considérant comme «un groupe de pression» au service des jeunes.

Que fait le Conseil?

Il écoute les jeunes, s'inquiète de leurs problèmes, de leurs réactions, de leur besoins, de leurs espoirs. Il essaie de traduire tous ces éléments sous forme d'avis, de positions, de motions, de dossiers et de documents.
Il s'exprime comme porte-parole officiel des jeunes et de leurs organisations.
Il est attentif à ce qui touche à la vie et à l'avenir des jeunes ainsi qu'à la politique qui se réfléchit, se prépare et se décide en matière de jeunesse au gouvernement.
Le Conseil s'est fait reconnaître progressivement comme «interlocuteur obligé» du gouvernement pour toutes les questions jeunes.

Que demande-t-il? Que propose-t-il

D'une manière générale, il se bat pour que les jeunes participent effectivement à l'élaboration de toute décision – ministérielle, gouvernementale ou autre – qui les concerne.
Il prépare et propose des actions de sensibilisation – voire des solutions alternatives – en différentes matières.
Et plus particulièrement à l'heure actuelle il se préoccupe du problème de l'emploi des jeunes.

REVENDICATIONS

En matière d'emploi, le C.J.E.F. veut:
- maintenir les droits des jeunes au bénéfice des allocations de chômage (c'est pourquoi, il s'oppose à toutes les mesures gouvernementales qui limitent ce droit).
- que soit élaborée une véritable politique de création d'emplois qui tiennent compte notamment des propositions suivantes:

- L'évaluation des besoins révélés dans le secteur socio-culturel par les systèmes de cadre spécial temporaire, de chômeurs mis au travail permettrait la promotion d'une politique de l'emploi stable dans ce secteur.

- des initiatives nouvelles existent, elles doivent être encouragées dans la perspective d'une rentabilité future.

- en matière de politique budgétaire, des secteurs tels que l'éducation, la formation et l'enseignement de promotion sociale doivent faire l'objet de mesures positives de financement et de recherche.

- au moment où le volume global d'emplois continue à diminuer, une véritable politique de répartition du temps de travail disponible doit être étudiée.

- L'amélioration de l'apprentissage passe par l'adoption d'un statut de l'apprenti qui réglemente leurs prestations, qui assure la reconnaissance de leur qualification, qui contrôle la formation reçue et qui garantisse au sein des conseils d'apprentissage la parité entre les représentants des apprentis et du patronat.

- Le réalisation des conditions essentielles pour faciliter l'insertion des femmes dans le monde du travail, à savoir notamment: la levée des obstacles juridiques, une véritable politique d'infrastructure, une totale mixité dans l'enseignement, la promotion d'un véritable partage des tâches familiales.

Enfin, le Conseil de la Jeunesse entend œuvrer à la recherche de solutions prioritaires pour les catégories les plus touchées par le chômage: les jeunes et les femmes. Il souhaite être associé à toute concertation en ces matières.

Technique You will need to study the leaflet in detail because if you are going to talk about it rather than just read from it you will need to understand it thoroughly. Use the reading techniques you have already practised – such as using the subheadings (look back to Assignment 10). You would probably deal with the two sections of the leaflet differently.

In the first section the question/answer format will enable you to adopt for yourself much of the language only making changes where you feel the style is not appropriate to spoken French, e.g. if somebody asked you *Le Conseil, qu'est-ce que c'est?*, you might want to change the answer to *C'est un organisme qui a deux buts. Il fait participer les jeunes* . . . However the answer to the question *Comment agit-il?* would be quite appropriate in spoken French and is a useful expression for you to acquire.

In the second section you would probably want to summarise for yourself the aims of the organisation so that you could present them to somebody else in a straightforward manner, e.g. the sixth point might be summarised as follows:

l'égalité pour les femmes que ce soit au travail ou dans la vie familiale.

Brief Your job involves dealing with written enquiries.

TASK B Reply to the letter from Fernand Denis enclosing the self-help leaflet (on pages 68, 69) and underlining the relevant sections.

                                        13 rue des Fleurs,
                                        Bruxelles.

                                        Bruxelles, le 12 mars

Monsieur,

    Je suis un ressortissant français de 18 ans et je viens
juste de terminer mes études. La situation de mon père m'oblige
à rester en Belgique et je voudrais savoir si je pourrais
bénéficier de l'indemnisation de chômage.

    Dans l'affirmative, pourriez-vous me dire ce qu'il faudrait
que je fasse pour m'inscrire sur vos listes et me communiquer le
montant de ce que je pourrais espérer percevoir.

    En vous remerciant à l'avance,

    Je vous prie de recevoir, Monsieur, l'expression de mes
sentiments les plus distingués,

                        Fernand Denis

TU QUITTES L'ÉCOLE...

...et comme des milliers d'autres jeunes, tu te retrouves sans emploi...

De plus, rien n'est réellement fait pour t'aider face à une législation compliquée et à des institutions souvent rebutantes.

Cette brochure nous permet de faire route ensemble. Elle t'indiquera à chaque étape quels sont tes droits et tes obligations. Elle t'évitera ainsi de connaître les désagréments que peut entraîner un manque d'information.

Cette plaquette est diffusée par le **Conseil de la Jeunesse d'expression française** (CJEF – 78 Galerie Ravenstein - 1000 Bruxelles - T. 02/513 94 40 ext. 140 et 230) avec l'aide du Service Jeunesse du Ministère de la Communauté française.

L'illustration est due au talent de Jean-Claude Salemi. La typographie est l'œuvre de Johan Buyens. Le tout a été imprimé à Liège, par "L'Atelier".

Si tu as moins de 26 ans (1), que tu n'as jamais exercé de profession salariée et que tu te trouves sans emploi, inscris-toi comme demandeur(euse) d'emploi au Bureau de l'ONEm (Service "Placement") dont dépend ton domicile

Lors de ta première visite à l'ONEm, il est bon que tu aies ta carte d'identité (ton permis de séjour ou ton permis de travail) ainsi qu'une copie ou une attestation de ton diplôme de fin d'études (ou de fin d'apprentissage).
Cette inscription se fait dès le 1er juillet si tu as moins de 18 ans ou dès le 1er août si tu as plus de 18 ans...
De toute manière, elle doit se faire **obligatoirement** dans les 12 mois qui suivent la fin de tes études (2).

L'ONEm met une série de conditions quant à ton inscription comme demandeur(euse) d'emploi indemnisé(e).
Ces conditions concernent le type d'études que tu as suivies ainsi que ta nationalité (3).

Pour bénéficier des allocations (4), tu dois :
– avoir terminé des études de plein exercice dans un un établissement reconnu ou subventionné par l'Etat ;
– ou posséder un certificat de fin d'apprentissage obtenu dans un centre, un établissement ou une entreprise agréée par le Comité de gestion de l'ONEm ;
– ou avoir obtenu un diplôme ou un certificat d'études devant le Jury central.

Ces études doivent relever obligatoirement des cycles supérieur ou équivalent, secondaire supérieur ou secondaire inférieur de formation technique ou professionnelle (5).

Enfin, pour bénéficier des allocations, tu dois être de nationalité belge ou être :
– ressortissant(e) d'un pays appartenant à la CEE,
– ou réfugié(e) politique ou apatride,
– ou ressortissant(e) d'un pays avec lequel la Belgique a conclu un accord de réciprocité en ce domaine, à savoir : Chypre, Espagne, Islande, Norvège, Portugal, Suède, Turquie et Yougoslavie (6).

Ces conditions remplies (7) et ton inscription enregistrée, tu ne pourras cependant pas encore être indemnisé(e), puisque l'ONEm astreint les jeunes qui sortent de l'école et qui se trouvent sans emploi à accomplir un stage d'attente avant de recevoir leurs allocations.

Ce stage d'attente sera de 75 jours ouvrables si tu as moins de 18 ans ou de 150 jours ouvrables si tu as plus de 18 ans (8).

Cette période, pendant laquelle tu ne perçois aucune allocation de chômage (ou d'attente), prend cours dès l'enregistrement de ton inscription par l'ONEm. Durant celle-ci, tu ne peux refuser un emploi jugé convenable, et tu as bien sûr l'obligation d'être à la recherche d'un travail (n'oublie jamais de conserver précieusement les preuves de tes recherches d'emploi!).

Il importe de dire ici que cette obligation d'effectuer un stage d'attente, tout compte fait relativement long, n'a que des conséquences néfastes pour toi. Au mieux, tu restes ainsi plus longtemps dépendant(e) de ton milieu familial; au pire, tu te vois réduit(e) au rôle d'économiquement faible.

Seul te reste, jusqu'à l'âge de 25 ans, le maigre apport de tes allocations familiales (9), à la condition que tu te sois inscrit(e) à l'ONEm
– avant le 31 août si tu étais lycéen(ne),
– ou avant le 30 septembre si tu as suivi un enseignement de type supérieur.

● Si tu es âgé(e) de 18 ans au moins lors de ta demande d'admission aux allocations de chômage (10), tes allocations familiales te sont dues pendant une période de 180 jours civils, à compter du 1er août.

● Cette période est ramenée à 90 jours civils, calculés à partir du 1er juillet, si tu es âgé(e) de moins de 18 ans lors de ta demande d'admission.

Enfin, quel que soit ton âge, le paiement de ces allocations familiales relève de l'ONAFTS (11).

(1) C'est dire que lors de ton inscription à l'ONEm tu dois être âgé(e) de 26 ans moins 75 ou 150 jours ouvrables (selon ton âge), période correspondant au stage que tu devras accomplir avant d'être indemnisé(e).
Il existe des dérogations possibles à cette limite d'âge, notamment en cas de service militaire (ou civil) ou si tu as dû interrompre tes études pour des raisons de force majeure.
Si c'est ton cas, n'hésite pas à prendre contact avec l'ONEm.

(2) Cette période peut être prolongée durant une année au maximum, à condition que tu consacres cette année au perfectionnement de tes connaissances en suivant un enseignement à l'étranger.
Fais attention au fait qu'il doit s'agir d'un enseignement officiellement reconnu.

(3) Sans oublier, encore une fois, que tu dois être âgé(e) de moins de 26 ans et n'avoir pas laissé passer plus de 12 mois depuis l'obtention de ton diplôme de fin d'études.

(4) Nous verrons plus loin qu'il peut s'agir d'allocations de chômage ou d'allocations d'attente, selon les cas.

(5) Le jeune qui termine des études relevant de l'enseignement secondaire inférieur général n'a donc pas droit aux allocations de chômage !
Il en est de même pour ceux (celles) qui ont accompli leurs études dans une école privée ou à l'étranger.

(6) Les jeunes Maghrébins habitant notre pays n'ont donc pas droit, au sortir de l'école, aux allocations de chômage.

(7) Si tu ne remplis pas ces conditions, tu ne pourras malheureusement pas bénéficier des allocations de chômage... Il te reste néanmoins la possibilité de te faire inscrire à l'ONEm comme demandeur(euse) d'emploi (non indemnisé-e). Ce n'est hélas qu'une maigre consolation, par ailleurs bien peu efficace.
Si tu connais cette situation, **insiste** auprès de l'ONEm afin de bénéficier d'un stage (6 mois renouvelable une fois) à la fin duquel tu pourras être normalement indemnisé(e) comme chômeur complet.

(8) L'interruption du stage d'attente pour un emploi **salarié** temporaire n'entraîne pas de prolongation de la durée de ce stage.

(9) Tu peux également recevoir des allocations familiales comme attributaire pour ton époux (ou ton épouse) encore aux études (jusque 25 ans) ainsi que pour tes enfants propres. Si c'est ton cas, prends immédiatement contact avec l'ONAFTS, Service des "droits spéciaux".

(10) Le jeune âgé de moins de 18 ans au moment de son inscription comme demandeur(euse) d'emploi, mais qui aura atteint cet âge à la fin de son stage d'attente, reçoit des allocations familiales durant 180 jours civils, et ce à compter du 1er juillet.

(11) Office National d'Allocations Familiales pour Travailleurs Salariés. Rue de Trèves, 70 à 1040 Bruxelles.

Une affaire du tonnerre

Objectives
- understanding product information
- understanding an ansaphone message
- writing a message in French
- negotiating terms of sale in French
- writing a letter of thanks
- translating a newspaper article

Role Owner of a delicatessen chain in Scotland.

Brief Many of your goods come from the *Coopérative Fruitière et Légumière des Côtes de Meuse* in Lorraine. You are expecting a visit from their Managing Director, M. Mercier.

TASK A Study the advance literature he has sent you and note any points you wish to discuss. (Copies of literature on pages 71, 72.)

Coopérative Fruitière et Légumière des Côtes de Meuse
Billy-sous-les-Côtes

Banque CRCA St-Mihiel N° 49 0046405 8 050
N° SIRET 783 414 683 000 12

55210 VIGNEULLES
Tél. (29) 89.32.24

Tarifs de nos produits
(valables jusqu' à la fin de l'année)

Nos Eaux de vie
- Mirabelle de Lorraine 45° Appellation réglementée

		Prix Acquit. H.TVA	Droits	TVA 17,60%	Prix détail TTC
De l'année passée cire rouge	1,50 l.	83,61	44,79	22,60	151,00
	0,70 l.	36,07	20,90	10,03	67,00
	0,35 l.	21,01	10,45	5,54	37,00
Grande Réserve du Producteur	1,50 l.	101,47	44,79	25,74	172,00
	0,70 l.	45,43	20,90	11,67	78,00
Médaille d'Argent	1,50 l.	108,27	44,79	26,94	180,00
	0,70 l.	48,83	20,90	12,27	82,00
- Eau de vie de quetsche 45°	0,70 l.	29,27	20,90	8,83	59,00
- Eau de vie de framboise 45°	0,70 l.	47,12	20,90	11,98	80,00

Nos Mirabelles sechées

Prix détail TTC

le sachet de 500 gr. _____ **10,00 fr.**

Voir conditionnement et commercialisation au verso.

Nos Fruits frais

Fraise - Framboise - Cerise douce - Cerise aigre - Groseille - Mirabelle
Quetsche - Pomme - Poire

Vente en gros au cours du jour.

Imp. DUTOUR - Verdun

Conditionnement et commercialisation

Nos Eaux de vie

Remise par quantité

- 3 % du prix acquit pour une commande de   36 bouteilles et + (3 cartons de 12)
- 5 % du prix acquit pour une commande de   72 bouteilles et + (6 cartons de 12)
- 8 % du prix acquit pour une commande de 108 bouteilles et + (9 cartons de 12)

Nous pouvons conditionner nos bouteilles en coffret de luxe unitaire,
   en cartons de 1, 3, 6 ou 12 bouteilles.
Nous pouvons expédier directement à vos clients pour votre compte.
Votre carte peut être jointe au colis.
Chaque destinataire est avisé par lettre de notre envoi.
Nos expéditions par poste sont adressées recommandées.
Les frais d'expédition et d'emballage sont facturés en sus.
Nous sommes à votre disposition pour étudier : expédition à l'étranger, conditionnement,
personnalisation des bouteilles cadeaux.
Nous commercialisons également des mignonettes de 3 cl.

Nos Mirabelles séchées (TVA comprise 7%)

Nos mirabelles sont séchées comme les pruneaux d'Agen et sont garanties sans conservateur.

Remise par quantité :
8,50 Fr. le sachet H. TVA pour une commande de 60 sachets et +
Conditionnement en cartons de 20 sachets.

Technique   You will probably want to ask questions about:
- the price and what it includes
- export arrangements
- delivery dates
- sales conditions for overseas buyers
- percentage reductions for large quantities

You will find many of the terms you need in the sales
information, e.g. *frais d'expédition et d'emballage.*

Brief   The morning of M. Mercier's expected arrival you find a
          message on your ansaphone.

▣ *TASK B*   Listen to the ansaphone message.

Brief   As you have an appointment in Stirling, you will be an hour
          late reaching Glasgow airport.

TASK C   Write the message in French which you intend to leave at
           the airport warning M. Mercier of your late arrival.

TASK D   Having met M. Mercier you take him to dinner and discuss
           the products in which you are interested and negotiate your
           terms.

Technique   Remember to make full use of the notes you have made
              prior to the meeting, and refer to the sales literature when
              necessary.

Portage + packing

Frais d'expédition et d'emballage.

Est-ce que les frais d'expédition
et d'emballage sont en sus ?

Brief After the contract has been signed you are interviewed by the press and an article appears in the local newspaper.

A PLUM DEAL FOR SCOTLAND

The owner of a Scottish chain of delicatessens has for the past six months been daring to challenge the tradition of a good whisky for special occasions – by importing French liqueurs. "And very profitable it has turned out to be too", said Mr Hugh McWilliam, managing director of McWilliam & Sons Ltd., in Edinburgh yesterday.

He was announcing an initial £50,000 deal with M. Mercier, managing director of the Co-opérative Fruitière et Légumière des Côtes de Meuse in Lorraine, for the export of specialist Scottish delicacies in exchange for the French specialist liqueurs. "But we see this as just a start and we see the trade trebling from our pilot experiment", said Mr McWilliam. "Last year my daughter gave me a jar of plums in brandy which she had bought in Brittany. I enjoyed them so much that I traced the producer, M. Mercier, and I'm delighted that our customers seem to agree with me. We have here, I think, not only a plum deal for France, but a plum deal for Scotland also, in the true spirit of the Common Market".

The McWilliam chain has thirty shops in Scotland and up until now has relied solely on the high quality Scottish produce on which its reputation has been based, particularly with tourists, and it exports world-wide. "I think it very appropriate", said Mr McWilliam "that in our first venture into importing we should be looking to France, a nation with which we in Scotland have such great historical links".

TASK E Write to M. Mercier thanking him for his visit and enclosing a translation of the article as you think it would interest him.

17 C'est beau la Suisse en Kodacolor!

Objectives
- understanding a talk (by a salesperson)
- understanding publicity material
- asking for opinions in French
- writing a letter to a friend in French

Role Au pair à Lausanne, Suisse.

Brief Vous faites vos courses pour Noël dans 'Le Grand Bazar'. Vous avez l'intention d'acheter un appareil de photo pour votre petit ami. Au rayon des appareils photographiques on est en train d'expliquer les avantages de la nouvelle gamme des Kodak. Votre attention est attirée par le Kodak Ektralite 600.

TASK A Ecoutez la démonstratrice et pesez le pour et le contre de ce modèle.

APPAREILS

KODAK
ACTUALITES NOEL

FLASH
SUR LA VIE

LE FLASH ELECTRONIQUE INCORPORE:

24 heures de photo sur 24!

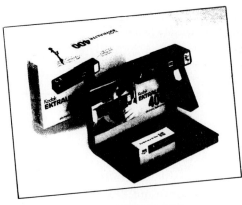

APPAREIL <u>KODAK EKTRALITE</u> 400

- Sujets nets de 1,20 mètre à l'infini,
- **fonctionnel** grâce à sa fameuse poignée-couvercle,
- **compact,**
- à flash électronique incorporé qui permet des photos de 1,20 à 3,50 mètres.

Réglage simple par curseur à mettre sur symbole "flash" ou "soleil" selon les conditions de lumière.

De la photo 24 heures sur 24, quelle que soit la saison!

Présentation : coffret-cadeau (appareil, film KODACOLOR II et 2 piles).

Prix maximum : 360 francs

APPAREIL <u>KODAK EKTRALITE</u> 600

Appareil le plus perfectionné de la gamme :
- **flash électronique incorporé** : recharge très rapide (3 secondes à peine) du flash,
- **deux objectifs** : un normal pour faire des photos de groupe, un télé pour faire des gros plans ou réaliser des portraits,
- **5 mises au point** possibles, depuis le portrait jusqu'au paysage.

Présentation : coffret-cadeau (appareil, film KODACOLOR II et 1 pile de 9 volts).

Prix maximum : 553 francs

SENSATIONNEL! le flash se met en marche dès que la lumière est insuffisante sans aucune intervention de votre part.

APPAREIL <u>KODAK EKTRALITE</u> 450

Par rapport au modèle EKTRALITE 400, deux avantages supplémentaires :
- une position "nuage" : permet de photographier lorsqu'il fait moins beau.
- un viseur à "cadre projeté" : facilite le cadrage.

Présentation : coffret-cadeau (appareil, film KODACOLOR II et 2 piles).

Prix maximum : 434 francs

TOUS NOS APPAREILS SONT GARANTIS **3 ANS**

**DE PRÈS, DE LOIN,
DE JOUR, DE NUIT...**

APPAREIL <u>KODAK EKTRALITE</u> 600

Tous les prix indiqués dans ce magazine sont des prix maximum valables actuellement. Votre négociant vous précisera les prix pratiqués dans son magasin.

6

Brief   Ayant tout pris en considération vous trouvez que le Ektralite 600 revient un peu trop cher. Vous prenez donc un dépliant publicitaire des autres modèles de la gamme.

TASK B   Discutez et comparez les avantages des trois modèles avec la famille suisse chez qui vous restez en leur demandant ce qu'ils en pensent.

Technique   Asking for opinions and making comparisons is going to involve a complex level of language. Here is a suggestion of how you might explain your indecision and seek opinions if you were trying to decide between one car and another. The expressions in italics may be of particular use

Customer   «J'ai un petit problème là, mon vieux! Tu vois les deux voitures *me tentent*, je parle de la R9 et de la R5 et *je n'ai pas encore décidé laquelle choisir*. Je fais pas mal de voiture en ville. *Donc de ce côté*, la R5 *paraît mieux*, elle est déjà plus courte et *lorsqu'il s'agit* de trouver un parking, 50 cm ça compte beaucoup, elle est aussi plus manoeuvrable et elle fait sport aussi. *Au point de vue* confort, elles m'ont l'air d'être aussi confortables *l'une que l'autre* bien que, parfois, j'emmène des clients et peut-être qu'ils se sentiraient un peu à l'étroit dans celle-là.

Ah la R9 donne une autre image! Bien sûr, *elle fait plus sérieux, moins* sport *quoique lorsqu'on regarde* ses performances on se rend compte qu'elle trompe son monde. Elle est quand même plus complète et elle prend plus soin de ses passagers. Et puis quand je dois aller à Marseille ou à Bordeaux par l'autoroute, je gagnerais certainement pas mal de temps et peut-être que je sentirais aussi moins la route. *Bien sûr elle consomme davantage, mais pas beaucoup plus.* Ça compte de nos jours.

Vraiment mon coeur penche pour la R5 mais la raison me pousse vers la R9 et je ne sais pas qui écouter.»

Brief La famille suggère qu'il vaudrait mieux demander l'avis de votre petit ami suisse.

TASK C Ecrivez à votre petit ami en lui demandant l'appareil qu'il choisirait lui-même.

Technique As this is an informal letter you could begin with one of these: *Cher Pierre; Mon cher Pierre; Mon cher petit Pierre; Mon Pierre chéri.*

And you could end like this: *A très bientôt; En attendant de te voir; Mille baisers; Je t'embrasse bien fort.*

Les conseils de l'éléphant

Objectives	• abstracting information from a holiday brochure • writing a report • drawing up a table of comparison in French

Role   Employé d'une grande agence de voyages à Paris.

Brief   Votre compagnie examine la possibilité d'introduire des voyages organisés au Sénégal. On vous a demandé d'étudier la publicité de Jumbo, un concurrent, qui y a déjà son marché. Le Chef du Marketing vous demande d'écrire un rapport.

TASK A   Lisez d'abord le matériel publicitaire de Jumbo afin d'extraire les détails de leur opération.

Je pars en vacances

Pour réussir vos vacances, utilisez les relais Jumbo

Un relais Jumbo, c'est une agence de voyages locale qui constitue votre point de chute. Sa fonction principale, c'est d'assurer l'intendance de votre voyage : l'accueil à l'aéroport, les réservations d'hôtel, la construction de circuits ou d'itinéraires etc. Le relais Jumbo a pour consigne de vous fournir les conseils et les services que vous demandez. Bien entendu, vous avez toute liberté pour ne pas l'utiliser. Sachez tout de même que, partout où va Jumbo, il y a un relais. Histoire de vous montrer le bon côté, rien que le bon côté de l'aventure.

DEMANDEZ AU RELAIS...

...de venir vous chercher à l'aéroport, même en pleine nuit. De vous renseigner sur le cours du change, les bons petits restaurants, la pluie et le beau temps. De vous réserver une chambre à Chihuahua, Ouarzazate, Houmt Souk ou Polonnaruwa. De vous dénicher une voiture au dernier moment (si vous ne l'avez pas prévu avant votre départ).
Demandez au relais de vous construire un itinéraire « vieilles pierres » (si vous avez l'âme rétro), une randonnée pédestre (si vous avez la fibre écologique), un circuit « cousu de fil rose » (si vous n'aimez pas vous occuper des détails). De vous échanger vos jumbochèques contre des nuits d'hôtel, une location de voiture, une excursion. De reconfirmer votre vol retour (c'est impératif).

NE DEMANDEZ PAS AU RELAIS...

...de modifier votre date de retour, même si vous avez des beaux yeux. De vous donner de l'argent liquide contre vos jumbochèques (c'est absolument im-po-ssi-ble). De téléphoner à votre maman pour dire que vous êtes bien arrivé. De fonctionner en « nocturne », comme les Grands Magasins. Ne demandez pas au relais de réparer le robinet de votre salle de bain. De vous réveiller pour que vous arriviez à l'heure à l'aéroport. De vous prêter de l'argent pour le sac en crocodile que vous réclame votre tantine.

4

TASK B

Etudiez les renseignements donnés sur le Sénégal et relevez les points que Jumbo considère susceptibles d'intéresser les touristes.

Pour réussir vos vacances au Sénégal utilisez le relais Jumbo
Dakar : Transtours Sénégal,
rue Assane N'doye, Tél. 21 26 76 ou 21 40 40.
A l'angle de la place de l'Indépendance. Ouvert de 9 h à 12 h et de 15 h à 18 h
du lundi au vendredi, et le samedi matin.
Ziguinchor : Transtours Sénégal, rue Maclaud, tél. 91 12 42.
Ouvert de 10 h à midi et de 15 h à 16 h 30 du lundi au vendredi et le samedi matin.

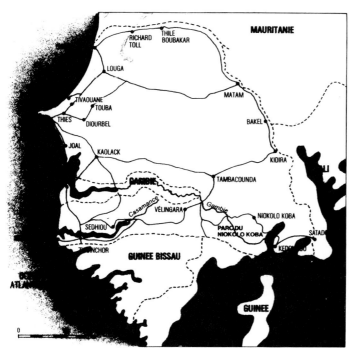

Les conseils de l'éléphant

Le Sénégal est doté d'un instrument de séduction facile : le soleil. Beaucoup de touristes s'en contentent et passent à côté du vrai voyage. Dommage pour eux. Tant mieux pour vous si vous cherchez l'Afrique : Jumbo vous aide à la trouver ! Si vous vous en sentez le talent et l'envie, oubliez les 4 étoiles-à-la-mode-de-chez-nous et les autocars climatisés !

Retirez-vous dans « votre » villa du Cap Skirring. Ou découvrez le Sénégal des Sénégalais : en pirogue, en taxi-brousse, dans les petits villages de Casamance où se refermeront sur vos rêves les portes d'une case traditionnelle...

Comme on ne devient pas Sénégalais du jour au lendemain, vous avez tout le loisir d'associer ce type de découverte à un tourisme plus classique : renseignez-vous au relais.

Demandez
le Guide des Relais
à votre agence :

✳ il est gratuit.

DEMANDEZ AU RELAIS...

...comment reconnaître un Peulh d'un Toucouleur, un Sarakholé d'un Mandingue. Pourquoi il vaut mieux explorer le Siné Saloum en pirogue que la baie de Dakar en pédalo. Demandez au relais de vous faire découvrir le Sénégal en taxi-brousse. De vous construire un itinéraire du tonnerre au fil des campements intégrés (ahh ! dormir dans une case sénégalaise...).

NE DEMANDEZ PAS AU RELAIS...

...de vous prêter de l'argent liquide pour acheter un crocodile apprivoisé. De vous louer un vélo pour aller visiter la réserve du Niokolo Koba (il vaut mieux une voiture tout-terrains bien fermée). De vous raccompagner à l'aéroport au moment de votre retour (ce n'est pas compris dans votre forfait, sauf si vous choisissez la flemme).

Côté pratique
Formalités : passeport en cours de validité.
Santé : vaccination contre la fièvre jaune obligatoire.
Météo : la mer est à 28 degrés. Climat délicieux de décembre à mai (saison sèche et pas trop chaude). Pluies de juillet à octobre sur la côte et en Casamance.
Les sous : mauvaise surprise à l'arrivée : votre pécule est divisé en deux par la magie (noire) du Franc CFA !

58

TASK C Rédigez votre rapport en faisant référence à vos recherches.

TASK D Regardez les voyages organisés offerts par Jumbo et faites un tableau de comparaison indiquant les prix, les services, etc.

Dakar : la liberté

accueil relais

Vous ne voulez pas décider aujourd'hui de ce que vous ferez demain au Sénégal : entre la vie de brousse et la vie de farniente, les petits villages de Casamance et les plages du Cap Vert, vous avez le cœur qui balance ! Jumbo vous laisse à vos hésitations et à votre liberté. Vous aurez tout le temps d'en discuter avec le relais de Dakar. Et pour le premier contact, ne vous inquiétez pas : vos deux premières nuits d'hôtel sont déjà prévues à Dakar.

de **3000 F** à **3990 F** départ Paris, Bordeaux, Lyon et Marseille.

Tableaux des départs et des prix : voir carnet rose p.115.

Prix comprenant :
• l'avion aller-retour (validité 7 à 21 jours),
• l'accueil à votre arrivée,
• l'acheminement jusqu'à l'hôtel,
• les 2 premières nuits d'hôtel (au choix 2 catégories) + petit déjeuner,
• l'assistance relais,
• une assurance annulation-rapatriement.

Pour poser vos bagages à l'arrivée...
L'hôtel Jumbo-vacances
Nina, 40, rue du Docteur-Thèze, Dakar. Tél. 21 41 81. Hôtel d'une trentaine de chambres qui fait partie de la nouvelle gamme des hôtels sénégalais, destinée à une clientèle plus exigeante. Situé derrière la place de l'Indépendance, à 5 mn à pied du relais. Chambres climatisées, avec s.d.b. indiv. (douche ou bain). Pas de restaurant mais un bar et un patio fleuri pour le petit déjeuner.

L'hôtel Jumbo-standing
Indépendance, place de l'Indépendance, Dakar. Tél. 23 10 19. Situé sur la grande place de Dakar (vous n'avez qu'à la traverser pour rejoindre le relais). Chambres climatisées tout confort. Restaurant, bar, piscine panoramique. Ambiance cosmopolite. intéressant pour sa situation centrale.

SÉNÉGAL

une maison en Casamance

(hiver seulement : du 7/11 au 31/03)

louez-moi

Oh là là ! les hôtels, vous en avez par-dessus la tête. Vous ne rêvez que d'une chose : passer les vacances chez vous. Sans clé numérotée. Sans petit déjeuner « on sert jusqu'à 10 h » (et si je veux 11 h ?). Sans « le service n'est pas compris, merci ». Jumbo vous propose une maison au Sénégal. Vous y serez comme chez vous, avec les amis que vous aurez choisis. Le décor : la plage de Boucotte, une des plus belles du Sénégal, tout près de Cap Skirring. La mer, la nature, un confort un peu rustique, une langueur....

de **3990 F** à **4290 F** départ Paris, base 4 à 8 personnes.
Tableaux des départs et des prix : voir carnet rose p.115.

Prix comprenant :
• l'avion aller-retour Ziguinchor (validité 7 à 21 jours) via Dakar,
• l'accueil à votre arrivée,
• l'acheminement de l'aéroport à la maison et retour,
• la disposition d'une maison pour 4 à 8 personnes pendant 7 jours, avec service d'entretien ménager, et frigidaire garni pour votre arrivée,
• l'assistance relais,
• une assurance annulation-rapatriement.

Votre maison :
Elle se trouve sur la plage à 1 km du village de boucotte et à 4 km de Cap Skirring. C'est une grande case de confort assez rustique, pouvant réunir 4 à 8 (bons) amis. Elle se compose d'une chambre et d'une grande pièce cloisonnée, une salle d'eau avec douche et une kitchenette. La cuisine est faite par le gardien, un fin cordon-bleu qui organise aussi le ravitaillement, et les repas servis sous les arbres... Pour ceux qui veulent oublier un moment le confort ouaté quotidien et jouer les Robinson Crusoé dans un site merveilleux...

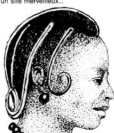

le Sénégal à gogo !

jumbo-auto

Rester sur une plage les doigts de pied en éventail, ce n'est pas votre genre : partout où vous allez, vous avez la bougeotte ? Quelle bonne maladie ! Pour aggraver votre cas, Jumbo vous propose une voiture à votre descente d'avion et vroum ! la liberté. Au choix, deux bases de départ d'où vous pourrez démarrer vos exploits : Dakar ou Ziguinchor, la capitale de la Casamance. Bonne promenade et surtout, n'allez pas rencontrer un baobab !

Prix base 4 participants :

• **Dakar**
de **3390 F** à **4190 F** départ Paris, Bordeaux, Lyon et Marseille.

• **Casamance**
(hiver seulement : du 7/11 au 31/03)
de **3690 F** à **4900 F**
départ Paris, Marseille.
Tableaux des départs et des prix : voir carnet rose p. 115.

Prix comprenant :
• l'avion aller-retour, Dakar ou Ziguinchor (validité 7 à 21 jours),
• l'accueil à votre arrivée à Dakar ou à Ziguinchor,
• la disposition d'une voiture (au choix 2 catégories) pendant 7 jours en kilométrage illimité, taxes, assurance tous risques et bris de glace comprises,
• l'assistance relais à Dakar et à Ziguinchor,
• une assurance annulation-rapatriement.

Pour prendre le volant en connaissance de cause...
Plus on est de fous plus on rit, c'est bien connu ! et en même temps, on paie moins cher son voyage. Suivez donc le conseil Jumbo : partez à 2, 3 ou 4 amis ! Votre voiture (type Renault 5 ou Renault 12, selon votre budget) vous attend à l'aéroport de Dakar ou de Ziguinchor si vous avez choisi la Casamance, et vous raccompagne à ce même aéroport au bout d'une semaine (prévoyez environ une heure de battement pour les formalités de restitution). Attention aux pistes, la détérioration des pneumatiques serait à votre charge au cas où... mais il y a de très bonnes routes aussi. Le chauffeur doit avoir atteint l'âge canonique de 25 ans, et avoir son permis depuis plus d'un an.

19 Il me reste un pays

Objectives	• transcribing a song
	• abstracting information from programme notes and a magazine article
	• translating and collating information

Role   Un des promoteurs d'un festival de musique folk qui aura lieu au Canada francophone.

Brief   Il a été décidé que cette année la fête se centrera autour des problèmes de l'identité culturelle. La fête va commencer avec un concert donné par Gilles Vigneault, un chanteur canadien. Son agent vous a envoyé un enregistrement d'une de ses chansons les plus célèbres ainsi que quelques renseignements sur un autre concert qu'il a déjà donné et des notes sur la chanson québécoise. Vous allez vous en servir pour la rédaction de votre programme.

Un de vos collègues a essayé d'écrire les paroles de la chanson mais il a eu quelques difficultés. Essayez vous-même de trouver les paroles qui manquent.

Il me reste un pays

Voilà le pays que j'aime
Il me reste un pays à prédire
_____ un pays à semer
Vaste et beau comme la mer
_____ découvert
Puis ne tient pas plus de place
Qu'un brin d'herbe sous l'hiver
Voilà mon Jeu et ma Chasse.

Il me reste un pays à produire
Il me reste un pays _____
C'est _____ que je construis
de ma nuit jusqu'à ta nuit
_____ la rivière
Froide obscure de l'Ennui
Voilà le pays à faire.

Il me reste un nuage à _____
Il me reste une vague à dompter
Homme! Un jour tu sonneras
Cloches de ce pays-là
Sonnez femmes joies et cuivres
C'est notre premier repas
_____ à vivre.

_____ un pays à surprendre
Il nous reste un pays à manger
Tous ces pays rassemblés
Feront l'Homme _____
Chacun sème sa seconde
Sous l'Amour qu'il faut peler

_____

_____
_____

TASK B Lisez tous les renseignements et sélectionnez les passages qui concernent Gilles Vigneault et les problèmes de l'identité culturelle.

La chanson québécoise

La chanson québécoise est relativement jeune. Les chansons comme "Alouette" existent depuis longtemps, bien sûr, et elles font partie de l'héritage canadien-français. Mais c'est le réveil politique des années soixante qui a donné naissance à la chanson québécoise moderne. Le besoin d'affirmer et d'explorer l'identité québécoise s'exprime non seulement sur le terrain politique, mais aussi dans la littérature, dans la poésie et dans la chanson. Les gens, eux aussi, ont besoin d'entendre des messages qui reflètent la réalité de leur vie et l'évolution politique et sociale du Québec. C'est ainsi que la chanson est devenue un des aspects les plus importants et les plus dynamiques de la culture québécoise.

Gilles Vigneault est un de ces chanteurs-compositeurs-poètes qui chantent la réalité et les rêves des Québécois.

C'est pendant les années soixante que les Canadiens-français ont commencé à mettre en question la dominance anglophone et leur isolement du reste du Canada. Ainsi, les Français du Canada sont d'abord devenus Canadiens-français, puis Québécois. "Vive le Québec libre" est devenu le cri de ralliement des Québécois et "Je me souviens" leur devise officielle. Une chanson de Gilles Vigneault, "Gens du pays", est devenue l'hymne national du Québec.

Mais en quoi les Québécois sont-ils différents des autres Canadiens et pourquoi demandent-ils leur indépendance? D'abord, parce que leurs traditions, leur style de vie et leur système de valeurs viennent de leur héritage français, mais ils vivent dans un pays à dominance anglophone. Ensuite, les Québécois sont traditionnellement catholiques dans un pays généralement protestant. Sur le plan économique, les Québécois se sentent désavantagés aussi. Depuis longtemps, la plupart des compagnies sont contrôlées par des anglophones qui donnent la priorité aux gens qui parlent anglais.

C'est peut-être dans le domaine linguistique que les Québécois se sentent les plus isolés. Comme a dit Pierre Trudeau, l'ancien premier ministre: "Le Québécois veut être partout chez lui au Canada, et seul un Canada bilingue lui permettra de se sentir à l'aise de Vancouver à Saint-Jean . . ."

TASK C Pour la prochaine réunion des promoteurs de la fête rédigez un programme provisoire pour le premier concert, incorporant des détails biographiques, notes supplémentaires etc. (voir la page 86).

Cela commença par une grosse envie d'être ensemble pour de bon et pour longtemps, et sur les Plaines d'Abraham pourquoi pas, conquises naguère, devenues une sorte de champ de bataille en jachère, où allaient éclater un beau soir d'août 1974 les trois grands soleils de notre Chanson.

Quoi qu'en disent les historiens, la conquête des Plaines ne fut jamais chose faite puisque jamais depuis, le chant des hommes libres ne s'est tu dans ce pays. Et ce qui arriva cette nuit-là, commencée la veille à dix heures, peut-être, pour se rassembler à cent mille, n'était pas un rêve fou, une affaire impossible mais la suite, en plus grand, en plus beau, dans l'intimité de la multitude attentive, d'un entretien du coeur commencé il y a trois siècles, les coudes appuyés sur la clôture de perche. Il y eut bien des choses désagréables pour interrompre la causette, mais ces clôtures ont trop de mémoire, elles ont toujours su nous dire, ah oui, où nous en étions, entre voisins.

Sauf que nos voisins sont plus nombreux aujourd'hui et plus causeurs qu'on a voulu nous le faire croire. Ils arrivèrent de partout célébrer la Superfrancofête. Il faut dire que cela faisait beaucoup de monde appuyé sur la même clôture, et on était un peu nerveux. Mais on était aussi francophones et hospitaliers, de sorte qu'on ne craignait plus, le soir d'ouverture, que l'imprévisible météo.

Mais devant Félix Leclerc, Gilles Vigneault et Robert Charlebois, que pouvait donc Dameline la pluie? L'orage, qui menaçait, bouda les Plaines, n'étant pas de taille, car les applaudissements de cette mer de monde l'eussent enterré.

Ainsi commencèrent douze jours et douze nuits d'inoubliable fraternité. Qu'on pense à une fête qui convie ensemble ceux et celles de Saint-Roch et de Dakar, de Témiscamingue et de Madagascar, de Charlevoix et de Charleroi. Une fête de la langue où la langue même qu'on fêtait n'était plus qu'un fond sonore pour accompagner le chant plus ancien encore des hommes et des femmes venus de tous les pays.

Vigneault chantait déjà depuis soixante dans les boîtes du Québec, des histoires d'orignal qu'on frappe au revers des trent'sous d'une nostalgique monarchie, et une étourderie mortelle pour les cardiaques qui s'appelle la *Danse à Saint-Dilon.* De l'un à l'autre, des choses qui réclamaient de plus en plus d'espace, si bien qu'on ne sait plus aujourd'hui où elles commencent ni où elles finissent comme les toiles du peintre Lemieux. C'est cela, *Mon pays,* accompagné ce soir-là par cent mille voix, le rêve d'une patrie sans patriotards, d'une grande place où on se passerait bien d'un drapeau si seulement on cessait de nous badrer avec une feuille d'érable en forme d'étiquette de bière; un pays où tous sont conviés qui ne craignent ni la morsure du froid ni la brûlure d'un p'tit blanc.

La grande beauté d'une fête, c'est d'y sentir les autres aussi heureux que soi sans vouloir savoir pourquoi. D'entendre des choses qui appellent des cris de joie, ou le recueillement soudain de cent mille célébrants aux premiers accords. Ce n'est pas un hasard si cette remarquable trame sonore du grand spectacle d'août se termine sur *Quand les hommes vivront d'amour.* Les grands soleils de notre chanson la chantent à trois, comme d'autres aussi sur ce disque. J'y entends chaque fois les voeux de paix exprimés par l'artiste le plus modeste d'ici, Raymond Lévesque, à qui ce soir-là trois hommes éclatants ont voulu rendre hommage.

Jean-V. Dufresne   Montréal, le 15 juillet 1975

Vous avez du punch?
Adressez votre candidature

Objectives	● taking a message in French ● completing a business letter in French ● understanding a dialogue (job interview) ● writing questions for inclusion in a job interview

Role   Vous avez adressé votre candidature pour le poste de Chef du Personnel dans une grande société luxembourgeoise d'informatique.

Brief   Vous avez reçu une lettre qui vous demande de vous présenter pour une entrevue à Luxembourg. On vous a aussi demandé de présenter trois projets qui seront pris en compte pendant le processus de sélection.

Choisissez une carrière d'avenir.

métiers informatiques

TASK A La compagnie a un problème de communication parce que l'on demande à bon nombre de ses employés de prendre des messages en français, langue qui, dans plusieurs cas, n'est pas la première langue de l'employé concerné. Ecoutez l'enregistrement et notez le message que vous devriez en extraire.

Technique Here are two versions of the same message. One of the two is inadequate because of poor organisation and incomplete information. Use the good example to help you carry out the first task.

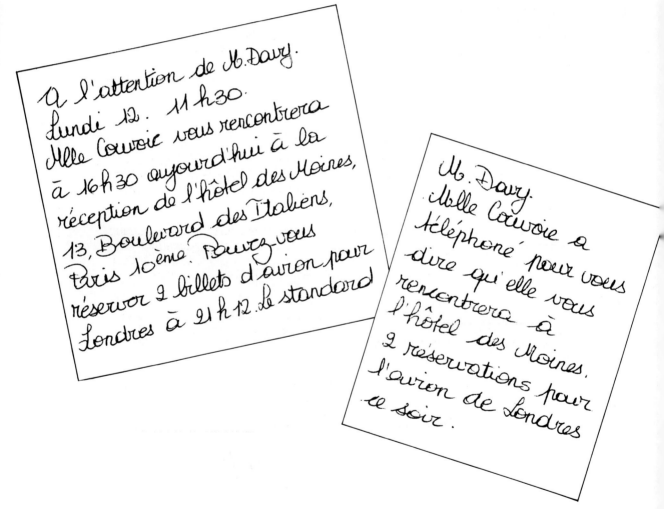

TASK B Avec la connaissance des lettres commerciales dont vous jouissez, choisissez les mots appropriés qui complètent cette lettre.

LOIRET-CO
Route de Saint-Mesmin – 45100 ORLEANS
Téléphone: (38) 87-49-16
C.C.P. La Source 546008
R.C.S. Orléans B 543 603 821
Société anonyme au capital de 800 000 F

TISSUS ROLLAND
1, rue du Blanc-Sceau
59100 ROUBAIX

VOS REF. :
NOS REF   :
RH.BC 150 :
OBJET.   :
V/Livraison n° 83
P.J. :

Orléans,
___ 20 février

_____,

Les 10 pièces de tissu correspondant à notre _____ n° 48 du
24 janvier nous ont été _____ hier.

En procédant à la vérification, nous avons _____ que l'une
d'elles présente des défauts de tissage, difficilement décelables
de près, les irrégularités sont très apparentes à quelques mètres
de distance.

Ce tissu étant destiné à la confection de robes qui seront vendues
sous une _____ réputée, l'utilisation d'une pièce compor-
tant des imperfections, d'une part exigerait une attention particu-
lière lors de la coupe, d'autre part entraînerait des pertes de
tissu.

En _____, nous vous prions de nous faire _____ une
pièce de remplacement (serge bleu ardoise, référence S 170) et de
nous donner vos instructions pour le _____ de la pièce
défectueuse.

Le lancement de la fabrication devant avoir lieu le 2 mars, nous
comptons sur une _____ immédiate.

Veuillez agréer, Messieurs, nos salutations _____.

Le Directeur,

R. HERAULT

TASK C Etudiez la petite annonce pour le poste de chef de projet informatique puis écoutez un extrait d'une entrevue avec l'un des postulants. Prenez note des genres de questions qui lui sont posées et faites, en français, une liste des questions qui auraient dû lui être posées.

Métropole Nord **AUCHAN**

Chef de projet informatique

Des vendeurs compétents, une stratégie commerciale offensive, des managers clairvoyants : notre image de marque n'est plus à faire. Notre volonté de progrès nous fait rechercher en permanence l'amélioration du traitement et de l'utilisation de l'information. Nous sommes habitués à la rentabilité et à la performance : nos hommes de l'informatique aussi.

Pragmatiques et concrets, ils aiment l'efficacité. Soucieux du service à rendre aux vendeurs et aux gestionnaires, ils agissent en organisateur, analysant les besoins et déterminant les objectifs par un dialogue constructif avec les utilisateurs.

Dans le cadre de la décentralisation de nos magasins, beaucoup de projets restent à concevoir et à mettre en œuvre. Nous vous proposons de participer à leurs conception et réalisation.

De formation supérieure **(ingénieur ou équivalent)**, vous avez un vécu professionnel d'au moins 2 ans, de préférence sur des petits systèmes (DIGITAL EQUIPMENT, DATAPOINT, IBM 34...).

Plus qu'un savoir-faire, nous cherchons une personnalité et des aptitudes de réflexion, de négociation et de réalisation.

Si vous avez du punch, n'hésitez pas à écrire à Marc DAUBRESSE qui traite confidentiellement votre candidature sous la référence 1415/LM.

Si vous partez prochainement en vacances, sachez que nous sommes prêts à attendre votre retour pour vous convoquer.

argos Département Informatique*
517, av. de la République - B.P. 319
59701 MARCQ-EN-BAROEUL CEDEX - Tél. : (20) 31.24.80.

MEDIA PA